只有爱依然存在

鲁迅儿童观今读

刘国胜 —— 著

学林出版社　上海人民出版社

图书在版编目(CIP)数据

只有爱依然存在：鲁迅儿童观今读/刘国胜著.—
上海：学林出版社，2018.10
ISBN 978 - 7 - 5486 - 1452 - 4

Ⅰ.①只…　Ⅱ.①刘…　Ⅲ.①鲁迅研究-儿童教育
Ⅳ.①G61

中国版本图书馆 CIP 数据核字(2018)第 226627 号

责任编辑　胡雅君
封面设计　张志凯

只有爱依然存在
　——鲁迅儿童观今读

刘国胜　著

出　版	**学林出版社**	
	（200235　上海钦州南路 81 号）	
发　行	上海人民出版社发行中心	
	（200001　上海福建中路 193 号）	
印　刷	上海盛通时代印刷有限公司	
开　本	720×1000　1/16	
印　张	14.75	
字　数	18 万	
版　次	2018 年 10 月第 1 版	
印　次	2018 年 10 月第 1 次印刷	

ISBN 978 - 7 - 5486 - 1452 - 4/G・552
定　价　48.00 元

目 录 Contents

我何以研究鲁迅儿童观？

　　我长期在国有企业和党政机关工作，在时下多数人眼里，似乎与鲁迅先生隔得颇远。记得十多年前，我请北京大学资深教授钱理群讲鲁迅，之后自己又讲鲁迅"立人"思想并写相关的书时，有人就以诧异的口气问："读鲁迅不是过去的事吗？现在没听说上面号召读鲁迅呀。"如今，我又写《只有爱依然存在——鲁迅儿童观今读》，不理解

2　者可能更多。在书的开首，就该作一个说明了。

　　2008 年以来，因为我所服务的企业——宝钢集团有限公司（以下简称"宝钢"，2016 年与武汉钢铁（集团）公司联合重组为"中国宝武钢铁集团有限公司"，现在的"宝钢"则是指宝钢股份有限公司）企业文化建设之需要，我聚焦鲁迅"立人"思想，反复研读了《鲁迅全集》18 卷。2009 年 8 月至 2013 年底，在宝钢作了十几场题为"鲁迅'立人'思想与宝钢人发展"的报告。2012 年后，主要是 2014 年我卸任宝钢职务后，承蒙友人邀请，时在社会上讲"鲁迅'立人'思想与当代中国人发展"，先后去过中共中央党校、中国大连高级经理学院、鲁迅文化论坛、鲁迅学校校际交流会、搜狐网、上海图书馆、西北农林科技大学、上海交通大学和一些地方、一些国有企业（主要是中央企业）和民营企业。在此过程中，我写下了《渐远渐近——鲁迅"立人"思想启示录》（中信出版社 2013 年 9 月出版）、《独有"爱"是真的——鲁迅"立人"思想解读》（上海人民出版社 2014 年 9 月出版）和《应该有新的生活——鲁迅"立人"思想今读》（上海人民出版社 2016 年 9 月出版）三本书。在鲁迅文化基金会会长、鲁迅长孙周令飞先生关心下，这三本书均被列入鲁迅文化基金会丛书。

　　在研读鲁迅作品中，鲁迅儿童观逐步引起我的关注。读先生作品不久，就接触到他的"幼者本位"思想。先生在 1908 年发表的《文化偏至论》中，提出了著名的"立人"思想，指出，国家兴衰"根柢在人"，"首在立人，人立而后凡事举"①。先生谈"立人"，较早就与儿童观密切相连。在以后长期的创作中不时涉及儿童，终其一生。五四新文化运

---

① 　本书引用的鲁迅语录，未加注释者，均出自人民文学出版社 2005 年版《鲁迅全集》。

动前一年,先生在 1918 年 5 月发表于《新青年》月刊上的第一篇小说《狂人日记》,最后一句话是"救救孩子……"。先生逝世前不久(1936 年 9 月 27 日)写,逝世第二天(1936 年 10 月 20 日)发表在《中流》半月刊上的《"立此存照"(七)》,最后一段话是:"真的要'救救孩子'。这'于我们民族前途的关系是极大的'!"从文学创作之初提出"救救孩子",到离世前再次呐喊"真的要'救救孩子'",不能说是偶然的吧。

先生 1912 年就用文言文创作了儿童视角的小说《怀旧》。之后三十多年间,写下了几十篇有关儿童的作品,我以年份为序排列如下(只把我认为主要谈儿童观的作品收录其中):

1918 年的《随感录二十五》;

1919 年的《1 月 16 日致许寿裳》《随感录四十九》《随感录六十三"与幼者"》《自言自语(五)(六)(七)》和《我们现在怎样做父亲》;

1921 年的《故乡》《〈池边〉译者附记》《〈春夜的梦〉译者附记》和《〈鱼的悲哀〉译者附记》;

1922 年的《〈爱罗先珂童话集〉序》《儿歌的"反动"》《兔和猫》和《社戏》;

1924 年的《求乞者》;

1925 年的《雪》《风筝》《忽然想到(五)》和《立论》;

1926 年的《狗·猫·鼠》《阿长与〈山海经〉》《二十四孝图》《五猖会》《从百草园到三味书屋》《父亲的病》和《琐记》;

1927 年的《〈小约翰〉引言》;

1929 年的《〈小彼得〉译本序》;

1931 年的《4 月 15 日致李秉中》和《〈勇敢的约翰〉校后记》;

1933 年的《7 月 11 日致母亲》《推》《我的种痘》《上海的少女》

4　《上海的儿童》《我们怎样教育儿童的?》《新秋杂识》《看变戏法》
和《冲》;

　　1934 年的《6 月 13 日、7 月 30 日、10 月 30 日致母亲》《"小童挡
驾"》《〈看图识字〉》《玩具》《难行和不信》和《从孩子的照相说起》;

　　1935 年的《3 月 19 日致萧军》和《〈表〉译者的话》;

　　1936 年的《3 月 11 日致杨晋豪》《4 月 2 日致颜黎民》《〈远方〉按
语》《难答的问题》《登错的文章》《我的第一个师父》和《"立此存照"
（七）》等等。

　　此外，还有许多散见于先生其他作品中关于儿童观的内容。其中相
当一部分是非常重要的。尤其是《狂人日记》中与"小孩子"相关的描
述，堪称鲁迅儿童观核心内容的深刻阐述（见本书第一章第二节的分
析）。先生用各种文体写有关儿童观的作品，有小说，有杂文，有故事，
有散文和散文诗，还有书信和日记（先生的书信有许多内容既讲事又议
事，日记中有一些记事中发表议论的内容）。

　　先生的译作，一部分是儿童文学和儿童研究作品。从他的日记和
《译文序跋集》中，可以看到如下译作篇目:

　　1903 年，法国小说家儒勒·凡尔纳的科幻小说《月界旅行》;

　　1913 年，日本心理学家上野阳一的《儿童之好奇心》;

　　1914 年，日本作家高岛平三郎的《儿童观念界之研究》;

　　1922 年，俄国诗人、童话作家爱罗先珂的《爱罗先珂童话集》和
童话剧《桃色的云》;

　　1923 年，爱罗先珂的童话《红的花》;

　　1927 年，荷兰作家望·霭覃的象征写实长篇童话诗《小约翰》;

　　1935 年，苏联儿童文学作家班台莱耶夫的以流浪儿童教育为题材
的小说《表》和苏联作家高尔基的《俄罗斯童话》。

先生作品中有如此多关于儿童观的内容，但他本人却并不认为自己
有什么儿童观（至少在 1929 年前）。1929 年 3 月 23 日他在给同乡好友、
教育家、学者许寿裳的信中说："关于儿童观，我竟一无所知。在北京
见嘱以来，亦曾随时留心，而竟无所得。"对此怎么理解呢？应该说，
用教育家或社会学家"规范的学术标准"来衡量，先生确实没有形成他
的儿童观，就像用思想家"规范的学术标准"来衡量，先生并没有形成
他的"立人"思想一样。作为文学家的思想家，先生写过堪称传世经典
的儿童文学作品，如小说《故乡》和回忆散文《从百草园到三味书屋》
等，却基本上没有写过关于儿童观的学术专著（也许《我们现在怎样做
父亲》是一个例外）。然而，仔细阅读先生关于儿童的作品以及散见于
其他作品中关于儿童的内容，就不难发现，先生的儿童观不仅客观存
在，而且是精深的、比较完整的，是前瞻的、超越时空的。当然，先生
毕竟没有把儿童观作为他的研究和创作重点，所以有的重要内容没有涉
及，许多重要内容未及充分展开。但这并不妨碍他的儿童观对今天的我
们所具有的难以替代的价值。

为什么说"难以替代"？因为鲁迅儿童观是革新的儿童观。中国传
统文化博大精深，但进入现代后必须与时俱进。儿童观尤其如此，在传
承精华的基础上必须剔除糟粕。革新之路满是荆棘。五四运动之所以了
不起，就在于先驱者为了中华民族伟大复兴，敢于披荆斩棘。鲁迅是新
文化运动的旗手，把文学家、思想家的鲁迅同时称为"革命家"，是毛
泽东对鲁迅的经典评价。按照我的理解，这里所说的"革命"主要是指
思想革命（在鲁迅作品中"革命"和"革新"往往是通用的）。思想革
命的特点，是对旧思想的弊端进行猛烈批判，在反思中产生适应时代进
步的新思想，成为真正强大的社会变革动力。鲁迅在 1925 年发表的
《再论雷峰塔的倒掉》中，分析了"破坏"与"建设"的关系，指出：

6　　"无破坏即无新建设，大致是的；但有破坏却未必即有新建设。"先生认为，有三种不同的"破坏"，一种是"盗寇式的破坏"，一种是"奴才式的破坏"，一种是"革新的破坏"。前两种破坏"结果只能留下一片瓦砾，与建设无关"。先生说："我们要革新的破坏者，因为他内心有理想的光。我们应该知道他和盗寇奴才的分别；应该留心自己堕入后两种。"这里的关键在于"内心有理想的光"，而这是思想革命才能带来的。正如作家王蒙指出："中国的传统文化需要一种创造性的转化。我认为，正是狂飙突进的五四运动，创造了这种转化的契机，挽救了中华文化"。①

　　儿童问题是当代中国社会关注度最高的问题之一，无数人对此颇感困惑却难以摆脱。从家庭抚育孩子看，《育儿指南》一类的实用书籍琳琅满目，吸引着大量已婚青年男女和各色人群，帮助他们解决如何把孩子养大的各种问题；而如何培养孩子成为"真正的人"的古今中外教育学经典——其中体现了历史进步的儿童观，虽也出版了不少，却鲜有问津者。从社会的学前教育和小学教育看，以背诵标准答案为主要特点的"应试教育"饱受批评却难以改变，引导"怎么做人"的素质教育推广步履艰难。优秀的儿童文学作品时有问世，却存在着影响力不够的问题。重"知识"轻"思想"的倾向相当突出，轻"思想"就是轻"儿童观"。这种"轻"是错误的："儿童观"似乎不能解决孩子吃喝拉撒睡的实际问题，却是培育孩子成为"什么样的人"所不可或缺的。

　　我们需要什么样的儿童观？这并不是一个新问题。众所周知，近一百年前发生的五四运动期间，儿童问题就备受关注。五四先驱者大都对几千年来的中国儿童观进行了反思，发表了新的看法——这就是儿童观

---

① 　王蒙著：《中华玄机》，天地出版社 2017 年版，第 24 页。

的革新。鲁迅是其中当之无愧的杰出代表。越读鲁迅作品，越能深切感受到，先生的儿童观闪烁着至今不灭的革新的理想之光，是当下帮助在儿童问题上不同程度陷入迷茫的人们，照亮前路的一把炬火。我们需要鲁迅的儿童观！然而形成反差的是，绝大多数人并不了解鲁迅儿童观。

当我们试图了解鲁迅儿童观时，马上会发现一个问题：先生固然有一些专门谈儿童的作品，但这些作品大都不是按照一种设计好的逻辑关系写的；而且，他的儿童观的许多见解又是分散在他的其他作品中的。这就给绝大多数读者了解他的儿童观带来困难。

多年前我就产生了一个冲动：自己能不能花点功夫，梳理归结鲁迅儿童观，介绍于世人，并谈谈今天读鲁迅儿童观的心得呢？我想下来觉得似乎是可能的。首先，自以为对鲁迅作品的文本比较熟悉，并在写和讲鲁迅"立人"思想过程中，已经接触到鲁迅儿童观。从 2013 年开始，写过一些相关文章在报刊上发表，已出版的三本书中多多少少也有些相关内容。其次，2012 年 11 月和 2016 年 4 月，我的两个外孙女先后出生，给自己增添了学习和研究儿童观的动力，陆陆续续读了一些教育学、尤其是儿童观方面的学术专著和儿童文学作品。再次，我 63 岁办理了退休手续后，虽然退而不休，受聘于两家中央企业——中国石油天然气集团有限公司和国家能源投资集团有限责任公司任外部董事，又受聘于中国大连高级经理学院任签约教授，但与过去相比，阅读、思考和写作的时间毕竟增加了不少。

对于鲁迅研究，我进入甚晚，也许是无知者无畏。我不时提醒自己："胆大"不能"妄为"。北京大学中文系主任陈晓明教授在 2017 年 2 月 15 日《中华读书周报》发表文章批评道："80 年代的现实主义批评模式，一种是观念论述、论断式的，另一种是感悟、印象式的，直到今天还是主流，还没有经历过文本细读的深入训练。"我写鲁迅儿童观，

8　　务必老老实实地从细读文本做起。于是，近几年我以儿童观为重点，反复通读《鲁迅全集》，并作摘录。在此基础上，尽可能梳理出一个脉络比较清晰、结构相对完整，有特色的鲁迅儿童观体系。对先生儿童观的诠释，力求忠实于原著。是否在一定程度上做到了这一点，自然有待读者评判。

　　梳理鲁迅儿童观，是为了联系当今世界特别是当代中国的儿童状况，就促进儿童健康成长，从先哲、先贤那里得到启示，发一点有价值的声音。对我而言，这比梳理更难。因为自己不是一个儿童教育工作者，缺少这方面的实践。虽然近些年来，比较关注有关儿童方面的报道，还算用心地参与了带两个外孙女，但这种程度的实践局限性毕竟太大。所以本书关于"启示"的写作，即使再认真、再用功，也只能属"随感录"性质。如果读者还能从中得到一丁点儿什么来，我就惊喜不已了。

第一章　Chapter 1
"救救孩子","真的要救救孩子"

儿童问题是五四运动先驱者们共同关注的话题。"周氏兄弟"（按：指周树人——鲁迅本名和他的二弟周作人）在这方面表现尤为突出。早在民国初年，周作人便写下了《童话研究》《童话略论》《儿歌之研究》和《古童话释义》等文章。1920 年 11 月，周作人在以法国哲学家孔德名字命名的孔德学校，作了题为《儿童的文学》讲演，引起思

2　　想文化界的震动。这些作品"说明儿童的特殊状况，不应当用了大人的标准去判断他"；"我们承认儿童有独立的生活"，"我们又知儿童的生活，是转变的生长的"①。钱理群指出：这里有两条原则，一是把儿童当作"人"，二是承认"儿童就是儿童"；他把"儿童的发现"，作为"人的发现"的一个重要组成部分。②

　　鲁迅更是非同凡响。像他的整个"立人"思想一样，他的儿童观的深度和广度超越了同时代的所有人，自然包括周作人。也许直到今天，从总体上看，仍然鲜有人达到他当年所达到的思想和文学水准。这是"从总体上看"，如果局部地或从某些角度看，当代有的儿童文学作家的作品，也已达到了相当高的水平。我读杨红樱的作品，就深感她作品中所体现的儿童观，与鲁迅儿童观相当吻合。更令人欣喜的是，她的作品受到孩子们普遍欢迎，产生了巨大影响（见本书第六章）。

一、　鲁迅"立人"思想的起点和"沉寂"后的呐喊

　　鲁迅作品的核心内容是他的"立人"思想。先生的"立人"思想发端很早。1907 年和 1908 年，正在日本留学的青年鲁迅，接连用文言文写了《人之历史》《科学史教篇》《文化偏至论》《摩罗诗力说》和《破恶声论》（未完稿），在清末留日学生创办的杂志《河南》上发表。这些论文从不同角度阐述了"人"的问题，是先生"立人"思想的起点。

　　先生在《文化偏至论》中，运用比较的方法指出，进入现代的人类

---

① 周作人著：《知堂回想录》，安徽教育出版社 2008 年版，第 274—275 页。
② 钱理群著：《周作人传》，北京十月文艺出版社 2005 年版，第 195 页。

社会，国家强盛的根本原因并不在于经济和政治，而在于"人"，取决于人的地位和国民素质的提高。"首在立人"，不是否定经济和政治重要，只是认为人比经济和政治更重要。因为经济是人的经济，政治是人的政治。如果没有人的至高无上的地位，发展经济和政治的意义何在呢？如果人的素质不高，又怎么可能有发达的经济和进步的政治呢？当然，如果不重视经济和政治，那不仅经济不能发达、政治不能进步，而且人的地位和素质的提高也没有保障的。三者是相辅相成的。

然而，1909 年后先生却"沉寂"了。对此，1922 年先生在《呐喊》自序中作了如下解释：

我感到未尝经验的无聊，是自此以后的事。我当初是不知其所以然的；后来想，凡有一人的主张，得了赞和，是促其前进的，得了反对，是促其奋斗的，独有叫喊于生人中，而生人并无反应，既非赞同，也无反对，如置身毫无边际的荒原，无可措手的了，这是怎样的悲哀呵，我于是以我所感到者为寂寞。

明明是具有救国救民价值的"首在立人"思想，在当时的中国社会却没有引起什么反响，先驱者的内心难免产生孤独和失望，深感不被理解的寂寞。

这寂寞又一天一天的长大起来，如大毒蛇，缠住了我的灵魂了。

在犹如被大毒蛇缠住灵魂的痛苦和悲哀中，先生说：

只是我自己的寂寞是不可不驱除的，因为这于我太痛苦。我于是用了种种法，来麻醉自己的灵魂，使我沉入于国民中，使我回到古代去，后来也亲历或旁观过几样更寂寞更悲哀的事，都为我所不愿追怀，甘心使他们和我的脑一同消灭在泥土里的，但我的麻醉法却也似乎已经奏了功，再没有青年时候的慷慨激昂的意思了。

少了慷慨激昂，多了沉着冷静，似乎是消极，却也是更加成熟的

4　　标志。

　　就这样，八、九年间，先生几乎没有发表过什么称得上是"创作"的作品，他确实"沉寂"了。至于原因，创办文艺杂志《新生》夭折，翻译出版《域外小说集》几无销路，特别是辛亥革命失败的打击等等，无疑都是。深究起来，这种"沉寂"并不是消极的。先生在"沉寂"中观察和反思、"沉入于国民"，在"沉寂"中潜心阅读、"回到古代"，在这个过程中积累。正是有了这段时期的"厚积"，才有了以后的"薄发"。

　　打破"沉寂"的，是《狂人日记》。这既是先生在《新青年》上发表的第一篇小说，也是收入 1923 年由北京新潮社出版的他的第一本小说集《呐喊》的第一篇小说。先生在《呐喊》自序中，介绍了这篇小说的来历。说自己许多年在 S 会馆（按：设在北京宣武门外南半截胡同的绍兴会馆）钞古碑，老朋友金心异（按：指钱玄同，语言文字学家）劝他做点文章在《新青年》上发表。他与金以"铁屋子"作比喻，讨论要不要"惊起"在"铁屋子"里熟睡的较为清醒的几个人。深入思索后，先生认同了金所提出的观点——"然而几个人既然起来，你不能说决没有毁坏这铁屋的希望"，得出了"然而说到希望，却是不能抹杀的"结论，于是终于答应做文章了——"这便是最初的一篇《狂人日记》"。

　　这是先生在"沉寂"中积累了相当长一段时期后的爆发式作品，也是首次采用"鲁迅"这一笔名。这篇小说一经发表，便在中国思想文化界引起巨大反响。五四运动组织者之一（学生游行队伍总指挥）、学者傅斯年和作家、社会活动家茅盾（沈雁冰），分别称《狂人日记》"诚然是中国近来第一篇好小说"和"前无古人的文艺作品"①。这篇小说在

---

① 　周令飞主编：《鲁迅社会影响调查报告》，人民日报出版社 2011 年版，引言第5—6 页。

鲁迅作品中的分量很重。1935 年,先生本人在《〈中国新文学大系〉小
说二集序》中,对《狂人日记》的评价是,这篇小说和《孔乙己》《药》
等,"算是显示了'文学革命'的实绩,又因那时的认为'表现的深切
和格式的特别',颇激动了一部分青年读者的心"。

　　《狂人日记》体现了或蕴含着鲁迅"立人"思想的许多基本内容。
这些内容,与《文化偏至论》等论文中所阐述的内容相衔接,但无论广
度还是深度都大大拓展了。这些内容,成为先生之后所写的小说、散文
诗和杂文中所体现的不少重要观点的渊薮。这种感觉在我脑海中日益清
晰。如果加以展开可以写一部专著,不知有没有人做过?

二、《狂人日记》包含着鲁迅儿童观的重要内容

　　《狂人日记》虽然不是儿童文学作品,但有相当一部分内容涉及儿童,
体现了鲁迅儿童观的许多重要思考。让我们细读该文本的相关章节吧。

1. 寄予希望的"救救孩子……"的提出

　　《狂人日记》共有十三节,第一节没有谈及儿童。第二节有四段,
第一段写道:

　　今天全没月光,我知道不妙。早上小心出门,赵贵翁的眼色便怪:
似乎怕我,似乎想害我。还有七八个人,交头接耳的议论我,又怕我看
见。一路上的人,都是如此。其中最凶的一个人,张着嘴,对我笑了一
笑;我便从头直冷到脚跟,晓得他们布置,都已妥当了。

　　这里虽然还是在谈成人,却已为下面谈儿童作了铺垫。第二段就谈
儿童了:

6   我可不怕，仍旧走我的路。前面一伙小孩子，也在那里议论我；眼色也同赵贵翁一样，脸色也都铁青。我想我同小孩子有什么仇，他也这样。忍不住大声说，"你告诉我！"他们可就跑了。

孩子们跑了，不回答"我"的问题。怎么办？"我"只得自己思考——这便是第三段的内容：

我想，我同赵贵翁有什么仇，同路上的人又有什么仇；只有廿年以前，把古久先生的陈年流水簿子（按：这里比喻中国封建统治的长久历史），踹了一脚，古久先生很不高兴。赵贵翁虽然不认识他，一定也听到风声，代抱不平；约定路上的人，同我作冤对。但是小孩子呢？那时候，他们还没有出世，何以今天也睁着怪眼睛，似乎怕我，似乎想害我。这真教我怕，教我纳罕而且伤心。

第四段是一句话：

我明白了。这是他们娘老子教的！

第二节首先告诉人们："我"是一个二十年前，对存在已久的历史的黑暗现象作了一点反抗的人——"廿年前，把古久先生的陈年流水簿子，踹了一脚"。"我"同赵贵翁和路上的人没有任何私仇，只是因为作了一点反抗，作为黑暗社会的既得利益者和维护者的赵贵翁听说后，就对"我"既怕又恨，想加害于"我"，并精心地设了套——"他们布置，都已妥当了"，"约定"了社会上的人们，一起同"我"作对。对此，"我"虽然"从头直冷到脚跟"，但却并不感到害怕，还是坚持"我"的反抗立场——"仍旧走我的路"。

然而，当"我"遇到小孩子时，感觉和想法却发生了变化。"我"不理解他们为什么也同赵贵翁和社会上的那些成人一样，"睁着怪眼睛"把"我"看作异类，对"我"既怕又恨，想加害于"我"。于是"我"诧异了，不仅害怕，并且伤心了。"我"左思右想，终于明白了，孩子们在那些成人的不良影响下，也变得和那些成人差不多了。

第三节结尾，有一段体现全文核心思想的话：

> 凡事总须研究，才会明白。古来时常吃人，我也还记得，可是不甚清楚。我翻开历史一查，这历史没有年代，歪歪斜斜的每叶上都写着"仁义道德"几个字。我横竖睡不着，仔细看了半夜，才从字缝里看出字来，满本都写着两个字是"吃人"！

通过狂人（"迫害狂"患者）之口，把几千年披着"仁义道德"外衣的中国封建专制统治的历史弊害，用"吃人"两个字来概括，这是惊世骇俗的发现。这一了不起的伟大发现，并不是对中国历史作学术性的全面评价，更不是全盘否定中国传统文化，而是用现代的眼光，对中国历史弊端的无情批判。先生所说的"吃人"，既是指有形的、直接的"食人""杀人"，又是指人的生存环境使人难以生存，得不到温饱，更谈不上发展的那种"吃人"——无形的、间接的"吃人"，尤其是人的自主意识被"吃"，人性被奴化。先生提出"立人"，是要解放人，把不同程度受着各种有形或无形奴役和压迫的被"吃"的中国人，从非人的苦海里唤醒起来、解救出来。

第三节至第七节，第九、第十节，都没有直接谈及儿童。第八节，当说到"我"发现一个20岁左右、居然也是"喜欢吃人"一伙的人时，则又说了类似第一节中说过的一些话——自然不是简单重复，而是更深的揭露了：

> 这一定是他娘老子先教的。还怕已经教给他儿子了；所以连小孩子，也都恶狠狠的看我。

这里说的，是"吃人"历史的代代延续，而反抗"吃人"者却遭到包括孩子在内的社会上的受旧文化毒害的人们的敌视。这是多么令人悲哀的情形啊！

然而，还有更可怕的在后面。这就是第十一节描述的"我"的5岁的妹子"被吃"的情形：

我捏起筷子，便想起我大哥；晓得妹子死掉的缘故，也全在他。那时我妹子才五岁，可爱可怜的样子，还在眼前。母亲哭个不住，他却劝母亲不要哭；大约因为自己吃了，哭起来不免有点过意不去。如果还能过意不去，……

妹子是被大哥吃了，母亲知道没有，我可不得而知。

这里揭露的是孩子被吃，而且是妹子被自己的大哥所吃！当然，这里的被"吃"只是文化意义上的，就是说，"我"的大哥是按照"古久先生的陈年流水簿子"上的理念来对待、要求和影响自己的妹妹，并且取得了成功。

可怕的情形还在进一步发展着！第十二节，揭露了"我"也在"吃人""吃妹子"之列：

不能想了。

四千年来时时吃人的地方，今天才明白，我也在其中混了多年；大哥正管着家务，妹子恰恰死了，他未必不和在饭菜里，暗暗给我们吃。

我未必无意之中，不吃了我妹子的几片肉，现在也轮到我自己，……

有了四千年吃人履历的我，当初虽然不知道，现在明白，难见真的人！

就是说，身在如此的社会和家庭环境中，在"正管着家务的大哥"的操持下，在大哥运用"和在饭里暗暗给我们吃"的方法欺瞒下，"我"无意间也参与了"吃人""吃孩子""吃自己妹子"——当然也只是文化意义上的"吃"。这里出现的"我"，不仅指个体的"我"，而且已泛化和抽象为一般的中国人，乃至中国历史弊端了。一句"难见真的人！"

是先生对中国历史和现实中的非人现象的强烈控诉！同时，这里又体现了一种可贵的自我解剖和忏悔意识。

第十三节，短短的两行字结束语，则都聚焦于儿童了：

没有吃过人的孩子，或者还有？

救救孩子……

前一句带问号，或许是先生对已经开始进入现代、并且发生了新文化运动的中国儿童寄予某种希望？后一句带省略号，无疑是先生向全社会发出的急切而绵长的关于重视儿童的解放和发展的呐喊！

2. 儿童观基本思想的萌发

《狂人日记》阐述了鲁迅儿童观的一些带有基本性的重要思想。首先，把儿童问题作为"立人"的一个基础性问题来把握。不是孤立地就儿童谈儿童，而是放在中国历史大背景下谈儿童；不是一般地谈儿童，而是从文化的深度谈儿童。在此前提下，《狂人日记》涉及了儿童观的三个重要问题，一是幼者为本（孩子为本、儿童为本），二是社会要重视儿童教育，三是成人要从改造自己做起承担儿童成长的责任。

《狂人日记》否定中国传统文化中的"父权为本""长者为本"，为提出"幼者为本"思想作了铺垫。关于《狂人日记》的主题，先生说"意在暴露家族制度和礼教的弊害"。中国封建专制的家族制度，是受整个社会"三纲五常"（按："三纲"指君为臣纲，父为子纲，夫为妻纲；"五常"指仁、义、礼、智、信）理念支配的。"父为子纲"，是说父亲对于儿子（更不用说女儿了）处于支配地位，儿子、女儿是被支配的。"父为子纲"体现的是"父权为本""长者为本"。中国的礼教——礼仪教化，则是为了维护家法与等级制度而制定的礼法条规和道德标准。这种家族制度和礼教的弊害，在于压抑孩子的天性，剥夺孩子的自由和独

10 立人格，违背了儿童成长规律。

先生把中国的家族制度和礼教的弊害概括为"吃人"，说明他提出"立人"思想有着强烈针对性。先生看到儿童"被吃"，心情特别沉痛和担忧。如何结束"吃人"的历史？在先生看来，要从儿童着手。因为如果连儿童也没有希望，未来就没有希望了。先生把中国的希望寄托在儿童身上，所以提出幼者本位、重视儿童。这是鲁迅儿童观的基本立足点和出发点。

《狂人日记》中，渗透着先生"改革国民性"必须注重儿童教育的思想。先生爱中国、爱中国人。他的爱是面向中国人民，尤其是受压迫受侮辱的劳苦大众的大爱，是与憎恨和批判国民性弊端紧紧联系在一起的真爱。先生对于儿童，更多了一份对于幼者和弱者的爱。看到儿童受家族制度和礼教的弊害，他没有表现出对于成人的那种不留情面的批判，而是"纳罕而且伤心"。当然，这决不是说就放任儿童受弊害，相反，先生以对儿童诚挚的爱，呼吁全社会都来"救救孩子"！

《狂人日记》提出了成人在儿童成长方面要承担起责任。首要的，无疑是父母的责任，但也包括兄长的责任。在谈成人责任时，《狂人日记》还把自己（"我"）摆进去，看到自己也受了家族制度和礼教的弊害，这是在提醒人们：承担起儿童成长的责任，每个人都要从自己做起；救救孩子，先得救救自己，先把自己从家族制度和礼教的弊害中解放出来。否则，不过是讲空话而已。

三、《"立此存照"（七）》，生命火花熄灭前更为急切的呐喊

鲁迅去世前一段时期，以"立此存照"为题，用摘录报刊或书籍的

有关文章，同时发表自己评论的方式，先后写了七篇杂文。因为写作时间特殊，这七篇杂文具有非同寻常的意义。其中最后一篇即《"立此存照"（七）》，是七篇中唯一关于儿童观的文章，除去引用的一篇短文外，共六段，都很短，我们不妨细读文本。

第一段写道：

近来的日报上作兴附"专刊"，有讲医药的，有讲文艺的，有谈跳舞的；还有"大学生专刊"，"中学生专刊"，自然也有"小学生"和"儿童专刊"；只有"幼稚园生专刊"和"婴儿专刊"，我还没有看见过。

这个起始段，介绍了当时日报上"专刊"的一些情况，为第二段作了铺垫。第二段就讲到《申报》的《儿童专刊》：

九月二十七日，偶然看《申报》，遇到了《儿童专刊》，其中有一篇叫作《救救孩子!》，还有一篇"儿童作品"，教小朋友不要看无用的书籍，如果有工夫，"可以看些有用的儿童刊物，或者看看星期日《申报》出版的《儿童专刊》，那是可以增进我们儿童知识的"。

这里提到题为《救救孩子!》的文章，没有介绍其具体内容，之所以提起它，或许是用其标题之意，为先生后面的评论埋伏笔吧。这里还提到"一篇'儿童作品'"，并介绍了这篇作品的有关内容：教小朋友们不要看无用的书籍，而可以看包括《申报》出版的《儿童专刊》在内的"有用的""可以增进我们儿童知识的"刊物。那么，自称为这种导向下的儿童专刊，内容究竟如何呢？第三段就讲了这个问题：

在手里的就是这《儿童专刊》，立刻去看第一篇。果然，发见了不忍删节的应时的名文。

这里说的"名文"，是署名"梦苏"写的题为《小学生们应有的认识》。先生全文引用了这篇文章。此文针对日本侨民及水手在中国被杀事，提出："小朋友对于这种不幸的案件，作何感想？于我们民族前途

12　的关系是极大的。"作者在分析时，提出了"杀害外侨，这比较杀害自国国民，罪加一等"的观点，并说："小朋友们！试想我们住在国外的侨民，倘使被别国人非法杀害"，"总禁不住我们同情的愤慨。"文章最后说："这才是大国民的风度"。

第四段，先生批判了《小学生们应有的认识》一文的错误观点：

这"大国民的风度"非常之好，虽然那"总禁不住""同情的愤慨"，还嫌过激一点，但就大体而言，是极有益于敦睦邦交的。不过我们站在中国人的立场上，却还"希望"我们对于自己，也有这"大国民的风度"，不要把自国的人民的生命价值，估计得只值外侨的一半，以至于"罪加一等"。主杀奴无罪，奴杀主重办的刑律，自从民国以来（呜呼，二十五年了！）不是早经废止了么？

这一段的前半段是讽刺，后半段则阐述了先生的核心观点。在先生1936年9月28日给《中流》半月刊杂志黎烈文的信中，言词更为激烈：

我仍间或发热，但报总不能不看，一看，则昏话之多，令人发指。例如此次《儿童专刊》上一文，竟主张中国人杀日本人，应加倍治罪，此虽日本人尚未敢作此种主张，此作者真畜类也。草一《存照》，寄奉，倘能用，幸甚。①

这也就是《"立此存照"（七）》的来历。

问题还在于，联系第二段的内容，传播如此错误观点的文章，是刊登在被认为是"有用的""可以增进我们儿童知识的"儿童刊物上！先生怒不可遏地痛斥有这种主张者为"真畜类也"。

———————————

① 李新宇、周海婴主编：《鲁迅大全集》第十卷，长江文艺出版社2011年版，第233页。

为此，先生在第五、第六段中，借用《申报》文章的话再次呐喊：
真的要"救救孩子"。这"于我们民族前途的关系是极大的"！

而这也是关于我们的子孙。大朋友，我们既然生着人头，努力来讲人话罢！

这是先生生命的火花即将熄灭时的呐喊，比自己18年前在《狂人日记》中"救救孩子……"更急切的呐喊。值得注意的是本文的结尾，先生那句向"大朋友"说的"我们既然生着人头，努力来讲人话罢!"何谓"人话"？当然是真正有益于儿童成长、儿童发展的话——用"人话"唤起民众，优化儿童成长和发展的环境。

文艺理论家胡风1936年写的《悲痛的告别》一文，回忆了鲁迅对他说过的一段话：

因为病，不能看用脑子的书，但报纸总不能不看的。以为翻翻儿童读物总该没有什么罢，一翻就翻出了这样的东西！（按：指上海北四川路暗杀事情发生后，一家报纸的儿童附张上发表短论，说是中国人打死了外国人，那罪名应该比打死了中国人加重一倍）什么话！中国人底生命比外国人底贱，已经开始替人向孩子们灌输奴才思想了……①

主奴文化是中国国民性弊端的突出表现，先生最担忧的是"向孩子们灌输奴才思想"，使积弊一代代延续下去。

关于"救救孩子"的重要性，先生1918年发表的《随感录二十五》中，有这样一段言简意赅的论述：

看十来岁的孩子，便可以逆料二十年后中国的情形；看二十多岁的青年，——他们大抵有了孩子，尊为爹爹了，——便可以推测他儿子孙

① 周令飞主编、葛涛选编：《鲁迅零距离》，人民文学出版社2012年版，第74页。

13

14   子，晓得五十年后七十年后中国的情形。

对此，无须再作任何解说了，历史不正是如此证明的么？

四、 难忘的童年和"不幸""不争"的中国儿童

鲁迅 1918 年"救救孩子……"的呐喊，1936 年"真的要救救孩子"的再次呐喊，都是针对当时中国儿童的实际状况。儿童是国民的一部分，先生对儿童，同对国民整体一样，也是"哀其不幸，怒其不争"。

先生作品中对于中国儿童，虽然也有一些自己和小伙伴童年天真烂漫的描写，但他笔下反映的，主要是包括自己在内的许多不幸的儿童生活。

1. 童年的美好记忆与沉重不幸

关于自己的童年，先生 1921 年发表的小说《故乡》，1922 年发表的小说《社戏》，1925 年发表的散文诗《风筝》，1926 年发表的回忆散文《阿长与〈山海经〉》《五猖会》《从百草园到三味书屋》和《父亲的病》，都有记载。当然，小说和散文诗总有虚构，即使是回忆散文，先生在 1927 年发表的《〈朝花夕拾〉小引》中，也说明"与实际容或有些不同"。但上述作品还是从不同角度体现了先生的童年生活，这一点也许不会有大出入。

对于童年，先生有过愉快而难忘的记忆，包括在自家的百草园玩耍，与少年闰土的交往，保姆阿长给他买绘图的《山海经》，看社戏等等。《从百草园到三味书屋》，细致而生动地描绘了"我"在"只有一些野草的"百草园中，玩得"无限趣味"的情形。《故乡》中，"我"和少

年闰土的交往，主要是从他嘴里听到了许多前所未闻的新鲜事（见本书第三章第二节相关内容）。

让我们看看《阿长与〈山海经〉》中的长妈妈吧。长妈妈，"一个一向带领着我的女工"，帮"我"做了"别人不肯做，或不能做的事"：

（"我"渴慕着绘图的《山海经》）玩的时候倒是没有什么的，但一坐下，我就记得绘图的《山海经》。

大概是太过于念念不忘了，连阿长也来问《山海经》是怎么一回事。这是我向来没有和她说过的，我知道她并非学者，说了也无益；但既然来问，也就都对她说了。

然而，出乎我意料，并非"说了也无益"。

过了十多天，或者一个月罢，我还很记得，是她告假回家以后的四五天，她穿着新的蓝布衫回来了，一见面，就将一包书递给我，高兴地说道：

"哥儿，有画儿的'三哼经'，我给你买来了！"

这着实让"我"惊讶。

我似乎遇着了一个霹雳，全体都震悚起来；赶紧去接过来，打开纸包，是四本小小的书，略略一翻，人面的兽，九头的蛇，……果然都在内。

这又使我发生新的敬意了，别人不肯做，或不能做的事，她却能够做成功。她确有伟大的神力。

这是"我"多么强烈的感受！对长妈妈是多么高的评价！

这四本书，乃是我最初得到，最为心爱的宝书。

上述充满温情和暖意的文字，让我们看到少年鲁迅从长妈妈那里得到"最为心爱的宝书"的同时，还得到了一个朴实无华的劳动妇女对儿童的爱和理解。正是这种爱和理解，在一个儿童的心中所产生的被称为

16 "伟大的神力"影响，让他终生难忘。

《社戏》中的故事，是"我"十一二岁时，"跟了我的母亲住在外祖母的家里"发生的。那是一个"离海边不远，极偏僻的，临河的小村庄"，"但在我是乐土"。乐在何处？乐在"我"和许多小朋友一同玩：每天"掘蚯蚓"，"伏在河沿上去钓虾"，"一同去放牛"。而最让"我"难以忘怀的，是和十多个少年夜里拔篙划橹，撑着一只白篷的航船，去赵庄看社戏。快到赵庄时，眼前出现的景象是：

最惹眼的是屹立在庄外临河的空地上的一座戏台，模胡在远处的月夜中，和空间几乎分不出界限，我疑心画上见过的仙境，就在这里出现了。

看完戏，离开赵庄时：

月光又显得格外的皎洁。回望戏台在灯火光中，却又如初来未到时候一般，又漂渺得像一座仙山楼阁，满被红霞罩着了。

多么美妙的童年记忆啊！

回家的路上，又发生了"偷吃"六一公公田里的罗汉豆的故事，第二天却不仅没有受到公公的责怪，反而被他称赞道"大市镇里出来的读过书的人才识货"——这是深刻理解儿童淘气行为的质朴的爱。文章的结尾是：

真的，一直到现在，我实在再没有吃到那夜似的好豆，——也不再看到那夜似的好戏了。

那样的童年一去不复返了……

与童年的美好记忆相比，先生童年更多的是不幸。祖父入狱，父亲早亡。先生在《〈呐喊〉自序》中，这样描述自己为得了重病的父亲买药的情形：

我有四年多,曾经常常,——几乎是每天,出入于质铺和药店里,年纪可是忘却了,总之是药店的柜台正和我一样高,质铺的是比我高一倍,我从一倍高的柜台外送上衣服或首饰去,在侮蔑里接了钱,再到一样高的柜台上给我久病的父亲去买药。

父亲亡故后,"我"被迫离乡背井:

有谁从小康人家而坠入困顿的么,我以为在这途路中,大概可以看见世人的真面目;我要到 N 进 K 学堂(按:N 指南京,K 学堂指江南水师学堂)去了,仿佛是想走异路,逃异地,去寻求别样的人们。我的母亲没有法,办了八元的川资,说是由我的自便;然而伊哭了,这正是情理中的事,因为那时读书应试是正路,所谓学洋务,社会上便以为是一种走投无路的人,只得将灵魂卖给鬼子,要加倍的奚落而且排斥的,而况伊又看不见自己的儿子了。

请注意,"我"已到了被"加倍的奚落而且排斥"的"走投无路"的地步了。当然,历史往往有它的吊诡之处,当时主观上"走投无路"才走的路,以后客观上倒是开辟了先生与自己的祖辈很不一样的人生。

先生的《五猖会》,讲了父亲对"我"不理解的故事:到东关看五猖会,"是我儿时所罕逢的一件盛事",临出发前,"我"却被父亲逼着背书——背不出就不准去(见本书第三章第二节相关内容)。广义地说,这也可算童年一件不开心的事,当然还不至于是"沉重的不幸"。

2. 触目惊心的城市儿童众生相

鲁迅 1898 年离开故乡后,基本上就在城市里生活了。他在作品中揭露了城市儿童生活中的若干阴暗面,饱含着血和泪。至今读来,仍然令人有一种久久难以摆脱的揪心痛和分外悲凉。

18   （1）"昏天黑地的在社会上转"的北京儿童

1918 年和 1919 年，先生为《新青年》写了 20 多篇《随感录》，第一篇《随感录二十五》，就是一篇儿童问题作品（在《新青年》发表的第一篇小说发出"救救孩子……"的呐喊，在《新青年》发表的第一篇《随感录》专论儿童问题，不完全是偶然吧）。文中的第一、第二段，讲当时儿童的状况：

我一直从前曾见严又陵（按：即严复，清末启蒙思想家、翻译家）在一本什么书上发过议论，书名和原文都忘记了。大意是："在北京道上，看见许多孩子，辗转于车轮马足之间，很怕把他们碰死了，又想起他们将来怎样得了，很是害怕。"其实别的地方，也都如此，不过车马多少不同罢了。

以上是"我"所闻，下面则是"我"所见和所思：

现在到了北京，这情形还未改变，我也时时发起这样的忧虑；一面又佩服严又陵究竟是"做"过赫胥黎《天演论》的，的确与众不同：是一个十九世纪末年中国感觉敏锐的人。

穷人的孩子蓬头垢面的在街上转，阔人的孩子妖形妖势娇声娇气的在家里转。转得大了，都昏天黑地的在社会上转，同他们的父亲一样，或者还不如。

这里的描述，从北京街头儿童所处的险境开始——孩子们"辗转于车轮马足之间"，易出交通事故，他们的生命安全没人重视。进而扩展开来，指出"别的地方，也都如此"。文章从对严复的看法谈起，称赞其感觉的敏锐，接着谈到自己的观察和担忧的心情与其相一致。再进一步发表自己的议论，这就不仅是谈北京和其他地方的街头了，而是在谈现代中国儿童（侧重讲城市儿童）的总体生存状况。对此，先生用了一个"转"字——穷人的孩子在"转"，阔人的孩子也在"转"，虽然

"转"的情形很不一样。"转"首先是说孩子没人管，成人们忙于生计，没有精力管孩子。"转"又是说没有方向，成人们不知道应当怎么对待处于人生起步阶段的儿童。孩提时代"转"大了还是"转"——"都昏天黑地的在社会上转"，结果至多同他们的父母亲一样，甚至还不如他们的父母亲。历史就这样暗暗循环着。

1925 年先生在为自己的杂文集《热风》所作的《题记》中，一开头这样写道：

现在有谁经过西长安街一带的，总可以看见几个衣履破碎的穷苦孩子叫卖报纸。记得三四年前，在他们身上偶而还剩有制服模样的残余；再早，就更体面，简直是童子军的拟态。

时过境迁：

只是我们的卖报孩子却穿破了第一身新衣以后，便不再做，只见得年不如年地显出穷苦。

以报童为例，说明与几年前相比，儿童的生存环境不仅没有得到改善，反而恶化了。

(2)"被推倒"和"被踏死"的上海儿童

1933 年，是先生的儿童问题作品创作比较集中的一年，其中，发表在《申报·自由谈》上的《推》《冲》和《看变戏法》，从不同角度尖锐地揭露了城市儿童的不幸。

在《推》中，先生谈了一个报童被人推后、电车把孩子碾死的惨剧：

两三月前，报上好像登过一条新闻，说有一个卖报的孩子，踏上电车的踏脚去取报钱，误端住了一个下来的客人的衣角，那人大怒，用力一推，孩子跌入车下，电车又刚刚走动，一时停不住，把孩子碾死了。

推倒孩子的人，却早已不知所往。但衣角会被端住，可见穿的是长衫，即使不是"高等华人"，总该是属于上等的。

这里揭露的，是所谓"高等"或"上等"华人，对待弱势儿童的态度——漠视和践踏幼者生命的态度，以及社会上许多人类似的态度（这很容易使人联想到先生揭露国民性弊端之一的"看客"现象）。接着，文章由个案谈到一般，谈到"洋大人"和所谓"高等"或"上等"华人"推"的一般现象：

上车，进门，买票，寄信，他推；下车，避祸，逃难，他又推。推得女人孩子踉踉跄跄，跌倒了，他就从活人上踏过，跌死了，他就从死尸上踏过，走出外面，用舌头舔舔自己的厚嘴唇，什么也不觉得。

我们在这里看到的是麻木的国民。

旧历端午，在一家戏场里，因为一句失火的谣言，就又是推，把十多个力量未足的少年踏死了。死尸摆在空地上，据说去看的又有万余人，人山人海，又是推。

推了的结果，是嘻开嘴巴，说道："阿唷，好白相来希（按：上海话，好玩得很的意思）呀！"

这是一幅弱者尤其是幼者的生命在"推"中被践踏，死后还被蔑视，还被人山人海的"看客"围观的恐怖图景。特别是最后出自"洋大人"和所谓"高等"或"上等"华人的一句话上海话——"阿唷，好白相来希呀！"揭露了一些人人性丧失，不如兽类了。

接着，先生有感而发：

住在上海，想不遇到推与踏，是不能的，而且这推与踏也还要廓大开去。要推倒一切下等华人中的幼弱者，要踏倒一切下等华人。这时就只剩了高等华人颂祝着——

"阿唷，真好白相来希呀。为保全文化起见，是虽然牺牲任何物质，也不应该顾惜的——这些物质有什么重要性呢！"

在先生看来，当时的上海，"推与踏"的现象不仅改变不了，而且还会扩大，深受其害的是"一切下等华人中的幼弱者"乃至"一切下等华人"。更可怕的，是在这过程中所形成的越来越把人不当人看待的非人文化。

(3) 教育厅长指使汽车冲击小学生的贵阳惨剧

在《冲》中，先生讲了在贵州省教育厅长谭星阁指使下，汽车冲学生队伍，导致学生（其中小学生最多）死伤的惨剧：

> 十三日的新闻上载着贵阳通信说，九一八纪念，各校学生集合游行，教育厅长谭星阁临事张皇，乃派兵分据街口，另以汽车多辆，向行列冲去，于是发生惨剧，死学生二人，伤四十余，其中以正谊小学学生为最多，年仅十龄上下耳。……

先生以悲愤的讽刺口吻分析道：

> 汽车虽然并非冲锋的利器，但幸而敌人却是小学生，一匹疲驴，真上战场是万万不行的，不过在嫩草地上飞跑，骑士坐在上面喑呜叱咤，却还很能胜任愉快，虽然有些人见了，难免觉得滑稽。

先生由此事引申开来，列举了关于儿童的种种非正常情况：

> 十龄上下的孩子会造反，本来也难免觉得滑稽的。但我们中国是常出神童的地方，一岁能画，两岁能诗，七龄童做戏，十龄童从军，十几龄童做委员，原是常有的事；连七八岁的女孩也会被凌辱，从别人看来，是等于"年方花信"的了。

然后，文章继续以悲愤的讽刺口吻回到"冲"：

> 况且"冲"的时候，倘使对面是能够有些抵抗的人，那就汽车会弄得不爽利，冲者也就不英雄，所以敌人总须选得嫩弱。流氓欺乡下老，洋人打中国人，教育厅长冲小学生，都是善于克敌的豪杰。

文章结束是这样的：

22　　　"身当其冲"，先前好像不过一句空话，现在却应验了，这应验不但在成人，而且到了小孩子。"婴儿杀戮"算是一种罪恶，已经是过去的事，将乳儿抛上空中去，接以枪尖，不过看作一种玩把戏的日子，恐怕也就不远了罢。

　　先生批判现在对儿童生命的摧残，甚至超过了过去；预言今后对婴儿的杀戮，可能还将超过现在——将不被算是罪恶，而是被看作一种玩把戏。《冲》的一开始是涉及"九·一八"日本侵略中国东北的，此文发表不到四年后日本全面侵华战争爆发，先生预言的"将乳儿抛上空中去，接以枪尖，不过看作一种玩把戏的日子"，真的来到了。令人愤慨到极点了！

　　（4）把孩子和黑熊一起作为敛财工具的街头"变戏法"

　　在《看变戏法》中，先生揭露了把儿童当作同黑熊一样的"生财家伙"的社会阴暗现象。文章开始说：

　　我爱看"变戏法"。

　　他们是走江湖的，所以各处的戏法都一样。为了敛钱，一定有两种必要的东西：一只黑熊，一个小孩子。

　　文章在描述那些走江湖的人虐待黑熊的情况之后，描述儿童被虐待的情况：

　　孩子在场面上也要吃苦，或者大人踏在他肚子上，或者将他的两手扭过来，他就显出很苦楚，很为难，很吃重的相貌，要看客解救。六个，五个，再四个，三个……而变戏法的就又集了一些钱。

　　再接着是作者的思考：

　　每当收场，我一面走，一面想：两种生财家伙，一种是要被虐待至死的，再寻幼小的来；一种是大了之后，另寻一个小孩子和一只小熊，仍旧来变照样的戏法。

先生揭露的，是赤裸裸的虐待儿童，把儿童当成动物一样来作为赚 23
钱工具的畸形的旧中国社会现象。

3．少女和童工：两个受侮辱受压迫的特殊儿童群体

鲁迅关注两个受侮辱受压迫的特殊儿童群体，一个是受凌辱的少
女，一个是受剥削的童工。

先生 1933 年发表的《上海的少女》，揭露了受凌辱的少女情况：

我们在日报上，确也常常看见诱拐女孩。甚而至于凌辱少女的
新闻。

不但是《西游记》里的魔王，吃人的时候必须童男和童女而已，在
人类中的富户豪家，也一向以童女为侍奉，纵欲，鸣高，寻仙，采补的
材料，恰如食品的餍足了普通的肥甘，就想乳猪芽茶一样。现在这现象
并且已经见于商人和工人里面了，但这乃是人们的生活不能顺遂的结
果，应该以饥民的掘食草根树皮为比例，和富家的纵恣的变态是不可同
日而语的。

文章告诉人们，历史上凌辱少女、甚至童女的腐朽现象，在现代社
会也发生了，不仅在富户豪家，而且蔓延至商人甚至工人中——先生对
他们，与富家作了区别。

先生心痛地说：

中国是连少女也进了险境了。

这险境，更使她们早熟起来，精神已是成人，肢体却还是孩子。

"早熟"和"精神已是成人"，这些少女受压迫受侮辱的年纪是这么
轻——在"肢体还是孩子"的时候。看到这样的文字，一切尚有良知的
人心都会颤抖、淌血。

诗人、文艺理论家、鲁迅研究专家冯雪峰 1952 年写的《回忆鲁

24　　迅》，记载了先生对童工处境的看法：

以前师傅对徒弟，除剥削之外也还多少要留一点后步，因为徒弟是总要出师的，出师了就是独立的手艺人。现在上海的老板，对待童工，却只有剥削，连他们剩下的几条筋都要被吃掉了。①

人类进入现代社会，是与资本主义制度联系在一起的。资本主义促进物质财富迅猛增长，但资本的原始积累是残酷的，其突出表现之一，就是以非人道的方式使用和对待童工。先生接触工业企业很少，但童工现象被他看到了，他就进行了带有比较性的严肃批判。

4．"不争"的儿童

鲁迅笔下"不争"（按：可理解为不敢斗争、不争气）的儿童，虽然在其他作品中也有反映，但集中体现在他 1924 年发表的《求乞者》中。文章这样写道：

微风起来，四面都是灰土。

一个孩子向我求乞，也穿着夹衣，也不见得悲戚，而拦着磕头，追着哀呼。

我厌恶他的声调，态度。我憎恶他并不悲哀，近于儿戏；我烦厌他这追着哀呼。

我走路。另外有几个人各自走路。微风起来，四面都是灰土。

文章交代得很清楚，求乞的孩子生活并不困难（"穿着夹衣"），当然也不痛苦（"不见得悲戚"）。他的求乞，是为了不劳而获。为了求乞，他装腔作势。对于这样求乞的儿童，"我"感到"厌恶""憎恶"

---

① 李新宇、周海婴主编：《鲁迅大全集》第十卷，长江文艺出版社 2011 年版，第505 页。

"烦厌"，没有睬他，其他路人也没有睬他。

但事情没有结束：

一个孩子向我求乞，也穿着夹衣，也不见得悲戚，但是哑的，摊开手，装着手势。

我就憎恶他这手势。而且，他或者并不哑，这不过是一种求乞的法子。

我不布施，我无布施心，我但居布施者之上，给与烦腻，疑心，憎恶。

求乞的孩子从原先的"拦着磕头，追着哀呼"，变为"哑的，摊开手，装着手势"，似乎更可怜了。但被"我"识破了——"他或者并不哑，这不过是一种求乞的法子"。"我"憎恶他的这种腔调。"我"的态度十分鲜明：对这样求乞的孩子，不布施，连布施心也没有，而给与"烦腻，疑心，憎恶"。这是高于布施者的立场：鼓励儿童自立自强，是先生思想的深刻之处。1919 年他就在《随感录六十一不满》中指出：

人道是要各人竭力挣来，培植，保养的，不是别人布施，捐助的。

爱孩子不仅是物质层面的，更是精神层面的。

《求乞者》是散文诗集《野草》中的一篇。《野草》23 篇中，以儿童为主要对象的有四篇，除了《求乞者》，还有《雪》《风筝》和《立论》。《雪》赞赏"蓬勃地奋飞"的"朔方的雪花"，背景是孩子们塑雪罗汉。《风筝》是作为哥哥，不理解弟弟爱玩的天性的忏悔之作。《立论》以说真话为主题，用的是为新生儿预测人生的故事。而《求乞者》，则是对儿童不求自立、靠求乞谋生的现象的无情批判——这无情，蕴含着真切的深情。正如北京大学教授孙玉石所说："这一篇散文诗的核心思想，或者说鲁迅想传达的生命哲学，就是蔑视与反对生命中存在奴隶

26 性的卑躬屈膝"。①

5. 中外儿童比较

鲁迅在一些作品中，将中国儿童和外国儿童作了比较。他在 1933 年发表的《上海的儿童》中，这样说：

倘若走进住家的弄堂里去，就看见便溺器，吃食担，苍蝇成群的在飞，孩子成队的在闹，有剧烈的捣乱，有发达的骂詈，真是一个乱哄哄的小世界。但一到大路上，映进眼帘来的却只是轩昂活泼地玩着走着的外国孩子，中国的儿童几乎看不见了。但也并非没有，只因为衣裤郎当，精神萎靡，被别人压得像影子一样，不能醒目了。

这里，中外儿童的生存环境和精神面貌形成了鲜明对照。中国儿童生活在脏乱差、闹哄哄的小世界里，"衣裤郎当，精神萎靡"。外国儿童呢？却是在大路上"轩昂活泼地走着玩着"。

先生在 1934 年发表的《玩具》中，这样说：

公园里面，外国孩子聚沙成为圆堆，横插上两条短树干，这明明是在创造铁甲炮车了，而中国孩子是青白的，瘦瘦的脸，躲在大人的背后，羞怯的，惊异的看着，身上穿着一件斯文之极的长衫。

这里，没有对外国孩子进行评价，但从"明明是在创造铁甲炮车"的描述中，可以看到他们的活力——即使是有所扭曲的活力。而中国孩子，看上去身体是不够健康的，胆小怕事、视野狭窄的——且这些孩子还不是穷困的，因为他们至少还"穿着一件斯文之极的长衫"。

先生 1935 年 3 月 22 日给徐懋庸的信中，这样说：

———————————

① 孙玉石著：《现实的与哲学的——鲁迅〈野草〉重释》，北京大学出版社 2010 年版，第 375 页。

我觉得外国孩子,实在比中国的纯朴,简单,中国的总有些破落户 27
子弟气味。

先生肯定外国孩子"比中国的纯朴,简单",当然这大都是发达国家的孩子。而中国孩子"总有些破落户子弟气味",这是与整个国家的状况联系在一起的。

先生以"改革国民性"为己任,痛心地反映儿童中存在的不幸或"不争"现象。这并不是说,进入现代后,中国的儿童事业没有任何进步,但在民族未解放、国家未独立、战乱不断、民不聊生的景况下,儿童问题确实太严重了。

五、"救救孩子"的命题过时了吗?

鲁迅提出"救救孩子",整一个世纪过去了。沧桑巨变,这个命题是不是过时了呢?有人说,当然过时了,像先生当年揭露的教育厅长指使汽车冲学生队伍、导致小学生死伤的惨剧,把儿童当作同黑熊一样的"生财家伙"变戏法等情形,早已一去不复返了。只是如此吗?"救救孩子"真的过时了吗?

1."速朽"的愿望与韧性精神

鲁迅当年真希望自己的作品早点过时,不只"救救孩子"这个命题,而且希望他针砭时弊的所有文字都"速朽"。先生在《〈热风〉题记》中这样说:

我以为凡对于时弊的攻击,文字须与时弊同时灭亡,因为这正如白

28　　血轮之酿成疮疖一般，倘非自身也被排除，则当它的生命的存留中，也即证明着病菌尚在。

他在 1927 年写的《〈野草〉题辞》中，把自己的作品比作野草，然后写道：

为我自己，为友与仇，人与兽，爱者与不爱者，我希望这野草的死亡与朽腐，火速到来。要不然，我先就未曾生存，这实在比死亡与朽腐更其不幸。

希望速朽的本意很清楚，那就是期盼中国社会进步快一点，尤其是国人素质尽快提高，提高到先生在《文化偏至论》中所期望的"外之既不后于世界之思潮，内之仍弗失固有之血脉"。作为一个真情的爱国主义者，先生多么希望早日实现中华民族伟大复兴啊！

当然，谙熟中国历史和洞悉社会现实的鲁迅深知，他提出"首在立人"，提出"此后最要紧的是改革国民性"，是十分艰难的事业，所以他同时又提出了要有韧性精神。在 1925 年发表的《忽然想到十》中，他指出："改革，奋斗三十年。不够，就再一代，二代……。"先生的作品，是在他所处的中国历史的特定时期产生的，入木三分，无情地揭露和批判了中国社会的黑暗面和中国人的阴暗面。十年树木百年树人，今天，先生笔下所针砭的种种假恶丑的现象，有的已成为历史，速朽了。然而，就其批判的国民性弊端而言，虽然总体上已有程度不同的克服或改善，但问题并未从根本上得到解决。改革开放 40 年了，展现在人们面前的现代化过程，是一个巨大的矛盾体，人们在不同程度享受物质利益和社会进步成果的同时，却都无法逃遁负面景象的现实，尤其无法回避精神生活所遇到的严酷挑战。需要人们持续进行韧性的奋斗。儿童事业何尝不是如此！

2. 儿童事业是一个名副其实的"系统"

在中国社会举世瞩目的历史性变革过程中,儿童的生存和成长环境发生了很大变化。家庭教育得到前所未有的重视,父母、祖父母和外祖父母舍得在孩子身上花钱,大多数人也程度不同有能力花钱。人们的物质生活条件普遍改善,医疗卫生水平上了一个台阶,婴幼儿死亡率大幅下降,义务教育基本普及,儿童设施、用品和书刊蓬勃发展。但令人遗憾甚至悲哀的是,时至今日,儿童的生存和成长仍然存在诸多问题。

大多数成人没有养成阅读人文经典和科学经典的习惯,对宝贵的人生缺乏形而上的思考,不注意从根本上解决"怎么做人"的问题。许多人没有经过基本文明习惯的应有训练,加上法治尚未在社会管理的终端得到普遍落实,即使在大城市,不随地吐痰、不乱扔垃圾、过马路不闯红灯等"文明规范"规定了几十年,违反者仍然比比皆是。"国民性改革"仍在漫漫路上,人们的素养和能力虽有提高但还很不够,处理自身工作和生活与抚育孩子的矛盾力不从心。当今60岁以上的人们往往埋怨子女不懂事,既缺乏社会责任感,又缺乏带孩子的耐心和能力,还缺乏对父母的孝心。且不说这种评论的片面性,就说子女客观存在一些缺点、弱点,还不是社会造成,尤其是我们这些"上了年纪的人""培养"出来的吗?一切都要从自己做起。

"怎么做好父母亲"的培训尚未引起重视,很少见到有计划地开展。记不起从何时开始,城市取消了原来企事业单位和街道办的托儿所(记得我们年轻时,几乎每一个里弄有托儿所,稍大一点的企业、事业单位也有),促使"隔代带"成为很多家庭的常态。大量青壮年农民进城务工,孩子留在家里,成了很少与父母见面的留守儿童。其中一些孩子无序进入城市,成为流浪儿童。幼儿教育乱象丛生,参差不齐,虐童事件、甚至残害儿童的案件时有发生,更搞得人心惶惶。众多孩子被应试

30   教育压得喘不过气来，在很大程度上失去了快乐的童年。素质教育滞
后，德智体美劳全面发展的理念难以真正落实。学生体质持续下降。儿
科医生大量缺口，不知道早些年卫生部门为什么连这种最基本的规划也
没有。腐败现象一度甚为猖獗，假恶丑冲击真善美，对儿童的健康成长
带来极为恶劣的影响。幸亏中共十八大以来，以习近平同志为核心的党
中央从严治党动真格，反腐败斗争压倒性态势已经形成并巩固发展。

经济发展虽然很早就提出了要摆脱"先污染后治理"的落后模式，
但讲得多做得少，发达国家半个多世纪前（美国洛杉矶 1943 年，英国
伦敦 1952 年）产生的雾霾问题，我国于 2013 年集中爆发。美国现代环
境保护运动的先驱蕾切尔·卡森，1962 年在她的传世之作《寂静的春
天》中所披露的当年美国民宅周围的小树林，春天不再有鸟叫声的状
况，在我国的许多地方成为现实。雾霾天很多人不懂得自我保护，常可
看到不少老人（也有年轻人）不仅自己照样在露天跳广场舞，还照样带
小孩子玩耍，人们的身体当起了"吸尘器"。成人都受不了，儿童稚嫩
的肺和心脏怎么办？许多医院呼吸科病人人满为患，儿科医院为甚。与
空气污染并存的土地和水域（尤其是内河）污染，造成大量农副产品包
括水产品和水果残留对人体的有害物质，加上令人震惊的不法商家生产
有毒婴儿奶粉事件的发生，儿童怎么才能食用健康食物，成了人们普遍
谈论的沉重话题。好在近几年来加大了治理力度，环境恶化的情况开始
好转。但治理污染是一个系统、复杂和长期的过程。据权威统计，2017
年，全国 338 个地级及以上城市，空气质量达标的仅占四分之一，地表
水国控断面劣 Ⅴ 类比例超过8%。①

"救救孩子"，"真的要救救孩子"，仍然是如此现实的问题！虽然其

---

①　《党的十九大报告辅导读本》，人民出版社 2017 年版，第 379 页。

内涵已发生了很大变化。儿童事业是一个系统，与社会上每个人都有密切关系，孤立推进效果往往大打折扣。我本想在这里借用一个时下的习惯用语，把儿童事业说成是一个"系统工程"。突然想起复旦大学哲学教授俞吾金提出必须重新反思"教师是人类灵魂工程师"的流行说法，他指出："与其说这个说法给了教师过多的荣誉，不如说是过多的耻辱。""如果每个教师都像'工程师'对待'零件'一样去对待受教育者，不但不可能激发起他们的创造热情，反而会把他们已经萌发的创造热情扼杀掉。"①言之有理！

① 俞吾金著：《哲学随感录》，北京师范大学出版社2016年版，第176—177页。

第二章 | Chapter 2
"幼者本位"和"以爱为纲"

　　关于儿童观，在认识儿童在人一生中所处重要位置的基础上，紧接着要解决的，是成人对待孩子的态度问题。即使不说"态度决定一切"，但说态度对做好任何事都具有决定性意义，总没错。怎么对待孩子？鲁迅的观点非常鲜明。在针砭"长者为本"的基础上，先生提出了"幼者本位"；在针砭世态炎凉的基础上，先生提出了"以爱为纲"。

一、"后起的生命，总比以前的更有意义，更近完全"

在发生了五四运动的 1919 年，鲁迅就提出了"幼者为本"观点并作了详细论述。这主要体现在他的《随感录四十九》和《我们现在怎样做父亲》中。前篇可说是"幼者为本"专论，后篇则作为先生全面论述儿童观的代表作，"幼者为本"占有突出位置。

1. "老的让开道，催促着，奖励着"，让少的走好生命之路

先生在《随感录四十九》中，第一次集中阐述了"幼者为本"。文章开头写道：

凡有高等动物，倘没有遇到意外的变故，总是从幼到壮，从壮到老，从老到死。

我们从幼到壮，既然毫不为奇的过去了；自此以后，自然也该毫不为奇的过去。

这里讲高等动物生长的一般规律、自然法则，强调人作为高等动物应按规律办事。不仅从幼年到壮年应"毫不为奇的过去"，而且从壮年到老年和从老年到死亡，也应"毫不为奇的过去"。但在先生看来，当时中国的情形并非如此：

可惜有一种人，从幼到壮，居然毫不为奇的过去了；从壮到老，便有点古怪；从老到死，却更奇想天开，要占尽了少年的道路，吸尽了少年的空气。

少年在这时候，只能先行萎黄，且待将来老了，神经血管一切变质以后，再来活动。所以社会上的状态，先是"少年老成"；直待弯腰曲背时期，才更加"逸兴遄飞"，似乎从此以后，才上了做人的路。

这是说，中国有些人，从幼年到壮年是按规律办事的，但从壮年到老年却不是，从老年到死亡则更非如此。这些壮年和老年人，在应给少

34　　　年让路时不让路，在少年成长最需要资源（"道路"和"空气"）时自
己却仍然过多占用社会资源，使少年成长得不到应有保障。这就是"长
者为本"。其结果，正处于蓬勃生长时期的少年，因为缺少应有的条件，
未成先衰了。而等到人生已近黄昏，"才上了做人的路"，想发展也发展
不起来了，为时晚矣。少年失去了最佳生长时机，老年自身如何呢？景
况也不好，即便他们"占尽了少年的道路，吸尽了少年的空气"，仍要
老去。所以有些人就"想求神仙"。先生讽刺道：

　　　万一当真成了神仙，那便永远请他主持，不必再有后进，原也是极
好的事。可惜他又究竟不成，终于个个死去，只留下造成的老天地，教
少年驮着吃苦。

　　这真是生物界的怪现象！

　　自然规律不可违，长者是为不了"本"的，硬撑着要"为本"的长
者，留下的只是不能进步的"老天地"社会，让少年驮着沉重的历史包
袱"吃苦"。在批判"长者为本"的基础上，先生正面阐述了"幼者为
本"思想，他从进化论——人类的进化之路说起：

　　　我想种族的延长，——便是生命的连续，——的确是生物界事业里
的一大部分。何以要延长呢？不消说是想进化了。但进化的途中总须新
陈代谢。所以新的应该欢天喜地的向前走去，这便是壮，旧的也应该欢
天喜地的向前走去，这便是死；各各如此走去，便是进化的路。

　　这里包含三层意思：首先，提出了人类种族延长和生命连续的目的
是为了进化，而不是为延长而延长，为连续而连续。这一见解无疑具有
进步意义。其次，提出进化的法则是新陈代谢。人个体生命的延长是很
有限的，生命的连续靠一代又一代新陈代谢得以实现。再次，提出人们
应该按照新陈代谢法则来走生命之路。少年应欢天喜地成长为壮年，壮
年应欢天喜地进入老年，自然坦然地对待死亡。由上述进化论观点，先

生顺理成章地提出老的应怎样对待少的：

老的让开道，催促着，奖励着，让他们走去。路上有深渊，便用那个死填平了，让他们走去。

少的感谢他们填了深渊，给自己走去；老的也感谢他们从我填平的深渊上走去。——远了远了。

为少的"让开道"，是针对前面批判的老的"占尽了少年的道路"说的。"催促"少的，是说少的虽然充满活力，但很可能也有惰性，需要老的给以鞭策。"奖励"少的，当然是在少的有可奖励之处时——须知，这是一定有的。这三点，都是为了帮助少的走好生命成长之路。一句"路上有深渊，便用那个死填平了"，体现老的为了少的成长不惜牺牲自己的精神——先生反复强调这一点，他本人也正是这样做的。

这样做后，少的感谢老的好理解，因为老的为他们填了深渊，甚至为此牺牲了自己。老的为何也要感谢少的呢？我理解，也许是因为老的感到为种族的延长和生命的连续作了贡献，提升了自己生命的价值。这是一种高的人生境界，这种境界使人类的路越走越远，越走越宽。《随感录四十九》的结论是：

明白这事，便从幼到壮到老到死，都欢欢喜喜的过去；而且一步一步，多是超过祖先的新人。

这是生物界正当开阔的路！人类的祖先，都已这样做了。

在先生看来，现代中国人如果明白了"幼者为本"的道理，幼年、壮年、老年都高高兴兴地按自然规律办事，踏踏实实一点一点做，越来越多的人就成为"超过祖先的新人"了。人类祖先就是这么做的，我们不过学习祖先的榜样而已。

先生描述的，是对中国社会和人类社会总的发展趋势的憧憬。他渴望用"幼者为本"的社会来替代存在着孩子被"吃"现象的"长者为本"的社会，来"救救孩子"，为实现他提出的"立人"目标打下好的基础。阐述"幼者为本"，先生借助了进化论观点。进化论是关于生物界历史发展一般规律的学说，人类作为生物界的一员也应遵循这一规律。当然，人类社会发展比生物界所有其他成员要复杂和曲折得多，但我们没有理由抹杀进化论的积极意义。

2. "父权为本""长者为本"应改为"幼者为本"

鲁迅在《我们现在怎样做父亲》中，再次集中阐述了"幼者为本"思想，并从多侧面作了展开，与《随感录四十九》相比，更为系统和全面了。文章开门见山谈了"我作这一篇文的本意"：

其实是想研究怎样改革家庭；又因为中国亲权重，父权更重，所以尤想对于从来认为神圣不可侵犯的父子问题，发表一点意见。总而言之：只是革命要革到老子身上罢了。

这里提出的"革命"，当然是指思想革命。接着，先生指出了中国的所谓"圣人之徒"（按：指当时竭力维护旧道德和旧文学的林琴南等人）的"父权为本"思想：

他们以为父对于子，有绝对的权力和威严；若是老子说话，当然无所不可，儿子有话，却在未说之前早已错了。

先生认为，应把子女从"父权为本"的家族制度中解放出来，这"本是极平常的事"，但有些人中旧习惯旧思想的毒太深，很难觉悟，"便只能先从觉醒的人开手"。如何开手？得先把"幼者为本"的道理讲清楚。先生这样分析道：

生命何以必需继续呢？就是因为要发展，要进化。个体既然免不了死亡，进化又毫无止境，所以只能延续着，在这进化的路上走。走这路须有一种内的努力，有如单细胞动物有内的努力，积久才会繁复，无脊

椎动物有内的努力，积久才会发生脊椎。所以后起的生命，总比以前的 37
更有意义，更近完全，因此也更有价值，更可宝贵；前者的生命，应该
牺牲于他。

这是《随感录四十九》所述生命"进化的路"的展开论述。先生首
先强调，走进化之路要有持续不断的"内的努力"。进化不是自然而然
实现的，是有条件的，外在条件与内在条件，起决定作用的是内在条
件。先生接着提出"后起的生命，总比以前的更有意义，更近完全，因
此也更有价值，更可宝贵"。这"四个更"是理想，是"内的努力"的
成果。对此，有些人持不同的、甚至相反的看法，先生的小说《风波》
中九斤老太"一代不如一代"的说法就是如此。我觉得，如果从个体或
局部看，一时一段看，后起的生命未必比前有"四个更"。倘若从总体
趋势看，人类发展史证明，后起的生命确实是在曲折（有的是大曲折）
中不断进步。而且，以前的生命结束后，一切就都是后起的生命所决
定。由此，为了人类持续发展，以前的生命就应超越小我，达到为后起
的生命发展而甘愿牺牲的大我境界。

在对"幼者为本"作了正面论述后，先生对"中国的旧见解"进行
了批判：

但可惜的是中国的旧见解，又恰恰与这道理完全相反。本位应在幼
者，却反在长者；置重应在将来，却反在过去。前者做了更前者的牺
牲，自己无力生存，却苛责后者又来专做他的牺牲，毁灭了一切发展本
身的能力。

在先生看来，中国存在的，是与"幼者为本"相反的"长者为本"
的旧见解，这种见解对人发展的负面影响是毁灭性的。为了避免引起曲
解，先生作了如下说明：

我也不是说，——如他们攻击者所意想的，——孙子理应终日痛打

38　　他的祖父，女儿必须时时咒骂他的亲娘。是说，此后觉醒的人，应该先洗尽了东方古传的谬误思想，对于子女，义务思想须加多，而权利思想却大可切实核减，以准备改作幼者本位的道德。况且幼者受了权利，也并非永久占有，将来还要对于他们的幼者，仍尽义务。只是前前后后，都做一切过付的经手人罢了。

　　这是辩证论述，指出不要把"幼者为本"误读为否定父母亲的权利、否定中国传统"孝"文化的精华。"幼者本位"，是强调父母对于子女增加义务思想，核减权利思想。而且，一般人都是先做子女后做父母，义务和权利其实是会平衡的。先生接着令人瞩目地提出了一个重要观点，那就是"父子间没有什么恩"，他说：

　　"父子间没有什么恩"这一个断语，实是招致"圣人之徒"面红耳赤的一大原因。他们的误点，便在长者本位与利己思想，权利思想很重，义务思想和责任心却很轻。以为父子关系，只须"父兮生我"一件事，幼者的全部，便应为长者所有。尤其堕落的，是因此责望报偿，以为幼者的全部，理该做长者的牺牲。殊不知自然界的安排，却件件与这要求反对，我们自古以来，逆天行事，于是人的能力，十分萎缩，社会的进步，也就跟着停顿。我们虽不能说停顿便要灭亡，但较之进步，总是停顿与灭亡的路相近。

　　父母对子女有恩，是"长者本位"观点的立论基础，也是中国社会许多人（甚至大部分人）的普遍看法。提出"幼者本位"，就有一个怎么分析"父母对子女有恩"的问题。先生反其道而行之，提出"父子间没有什么恩"。这是一个容易引起争议的观点。对此，先生引用了挪威戏剧家易卜生的剧本《群鬼》中，欧士华对母亲说的一句话："我不曾教你生我。"欧士华说出了这样一个道理：子女来到这个世界，是一个男子和一个女子结合的偶然产物，并非子女的意愿。父母凭什么说自己对子女有恩呢？其实，这是德国哲学家康德18世纪末就提出的一个深刻观点。他从人的自由权利角度指出，一男一女两个人通过"性关系"（性交往）"享乐般地"使用他们的性器官，就不可避免地生儿育女。这样，孩子的出生是一个问题，因为没有一个人会问这个孩子，他（她）是否愿意来到这个世界。①

当然，先生想说的重点并不在此，他指出，"父母对子女有恩"的误点是，长者本位的利己思想和权利思想很重，义务思想和责任心却很轻；他尤其要批评的是父母对于子女"责望报偿"的思想。这种批评是彻底的，具有牺牲精神和自强精神，并且是超前的。说其彻底，是说，既然子女来到这个世界并非他（她）的意愿，而完全是父母的主观行为，父母有何理责望报偿呢？说其具有牺牲精神和自强精神，是说，父母把子女抚养成人，要付出极大辛苦；子女长大后，父母能够不连累子女而生活，需要早作准备。说其超前，是说，客观分析，在当时经济和社会发展水平相当低的情况下，养儿防老是绝大多数父母无可厚非的必然选择。

说"父母与子女间没有什么恩"，是侧重于从父母对子女的角度说的。如果从子女对父母的角度看，对父母心存感恩，则既是一种天性，也是一种美德。先生在他的作品和自己的实践中，也是如此把握的。

3. 对孩子放任不管"是一个更大的错误"

鲁迅在《上海的儿童》中，先把他看到的中外孩子作了比较，接着对中国中流家庭教育孩子的错误方法进行了批评，再谈了他对"印给儿童看的画本"的批评意见。然后便写道：

---

① ［德］曼弗雷德·盖尔著：《康德的世界》，黄文前等译，中央编译出版社2012年版，第7页。

顽劣，钝滞，都足以使人没落，灭亡。童年的情形，便是将来的命运。我们的新人物，讲恋爱，讲小家庭，讲自立，讲享乐了，但很少有人为儿女提出家庭教育的问题，学校教育的问题，社会改革的问题。先前的人，只知道"为儿孙作牛马"，固然是错误的，但只顾现在，不想将来，"任儿孙作牛马"，却不能不说是一个更大的错误。

这是对当时所谓"新人物"的批评。先生首先表露了自己对中国儿童现状的忧虑，强调儿童教育的极端重要性，然后指出，"新人物"们过分考虑自己的利益，忽视与儿女成长密切相关的家庭教育、学校教育和社会改革问题。先生说，"只知道'为儿孙作牛马'，固然是错误的"。这是对"新人物"的理解。本来，积极意义上的"为儿孙作牛马"，通"俯首甘为孺子牛"的牺牲精神，应当肯定。但"新人物"讲自己的人生享受，也不无道理。问题在于不应从只知道"为儿孙作牛马"，走向只知道自己享受的极端。"任儿孙作牛马"，是对未来不负责任的"更大的错误"。

读到这一段，也许有人会问：说先前的人只知道"为儿孙作牛马"，是否与先生批判旧中国社会"父权为本""长者为本"相矛盾呢？我想，这是从不同角度讲的。"父权为本""长者为本"，侧重是讲对子女的控制，对儿童精神上的压抑、特别是对个性的扼杀。而只知道"为儿孙作牛马"，是讲父母对子女的付出。在中国社会，两者往往并存。

先生1933年发表的《禁用和自造》，不是一篇重点论述儿童问题的文章，而是针对当时有些地方因铅笔和墨水笔进口多，禁用或改用毛笔的情况，谈如何对待开放、如何珍惜时间的问题。先生指出，与用毛笔相比，用墨水笔可以节省时间，"也即等于延长了人的生命"。随即，先生批评了中国人不珍惜时间，笔锋一转写道：

一个人的生养教育，父母化去的是多少物力和气力呢，而青年男女，每每不知所终，谁也不加注意。区区时间，当然更不成什么问题了，能活着弄弄毛笔的，或者倒是幸福也难说。

这里，批评了当时青年男女中存在的对父母抚养自己长大成人，所付出的辛苦，体会不深的现象。这应与先生本人有了与夫人许广平一起抚养儿子周海婴的切身感受有关吧。

《上海的儿童》，以及《禁用和自造》中的有关内容，涉及对先生"幼者为本"思想的整体把握。如前所述，受先生批判的"父权为本""长者为本"，并非一般意义上的不关心孩子，而是不把孩子看作独立的个体，却把孩子看成父母的附属物，由父母主宰孩子的一切，不给孩子以自由。历史上的"父权为本""长者为本"，一般并不表现为父母只顾自己，不愿意为孩子付出。相反，大部分人往往在自己非常贫困的情况下，仍然甘愿为孩子作出很大牺牲。问题在于，因为他们压抑孩子，所以在很大程度上，"好心得不到好报"，在自己作出牺牲的同时，又牺牲了孩子的未来。这是一种可悲的双重牺牲。

二、 以"离绝了交换关系利害关系的爱"为纲

与"幼者为本"紧紧联系在一起的，是"以爱为纲"。有了"幼者为本"才可能有对幼者的"以爱为纲"，而有了"以爱为纲"，"幼者为本"才有了最重要的内涵。然而，中国到了晚清，"爱"却成了最稀缺的东西之一。鲁迅20世纪初，在与许寿裳讨论国民性弊端时认为"我们民族最缺乏的东西是诚和爱"①。先生在《我们现在怎样做父亲》中指出："中国的社会，虽说'道德好'，实际却太缺乏相爱相助的心思。"

① 转引自许寿裳著：《鲁迅传》，东方出版社2009年版，第118页。

先生在儿童观中，着力弘扬"爱"的文化。

1."独有'爱'是真的"

也是在《我们现在怎样做父亲》里，在提出"幼者为本"的同时，先生提出了"以爱为纲"：

自然界的安排，虽不免也有缺点，但结合长幼的方法，却并无错误。他并不用"恩"，却给与生物以一种天性，我们称他为"爱"。动物界中除了生子数目太多——爱不周到的如鱼类之外，总是挚爱他的幼子，不但绝无利益心情，甚或至于牺牲了自己，让他的将来的生命，去上那发展的长途。

这里，先生首先诠释了何谓"爱"，他的回答："爱"是自然界给与生物的一种天性。然后谈了动物对幼子的挚爱——一种超越了一己之私利甚至勇于自我牺牲的爱，为的是大概念上的生命的延续。接着一段就谈人类之爱了：

人类也不外此，欧美家庭，大抵以幼者弱者为本位，便是最合于这生物学的真理的办法。便在中国，只要心思纯白，未曾经过"圣人之徒"作践的人，也都自然而然的能发现这一种天性。例如一个村妇哺乳婴儿的时候，决不想到自己正在施恩；一个农夫娶妻的时候，也决不以为将要放债。只是有了子女，即天然相爱，愿他生存；更进一步的，便还要愿他比自己更好，就是进化。这离绝了交换关系利害关系的爱，便是人伦的索子，便是所谓"纲"。倘如旧说，抹煞了"爱"，一味说"恩"，又因此责望报偿，那便不但败坏了父子间的道德，而且也大反于做父母的实际的真情，播下乖剌的种子。

这里，先生仍然是从生物学、进化论角度谈的。人类作为生物界的一部分，父母对子女有一种天然之爱。先生认为，没有受到"父权为本""长者为本""作践"的"心思纯白"的人,都会看到这种天性。这样的爱是"生物学的真理",因为是真理,所以要提出"以爱为纲"。作为"纲"的爱,其基本特点是"离绝了"两种连接在一起的关系,一种是"交换关系",一种是"利害关系"。而"责望报偿",就陷入了这两种关系,谈不上是真情、真爱了。基于这样的分析,先生下结论说:

所以我现在心以为然的,便只是"爱"。

在抨击违背"以爱为纲"的表现之后,先生指出:

幸而这一类教训,虽然害过许多人,却还未能完全扫尽了一切人的天性。没有读过"圣贤书"的人,还能将这天性在名教的斧钺底下,时时流露,时时萌蘖;这便是中国人虽然凋落萎缩,却未灭绝的原因。

这是先生批判国民性弊端过程中,反复提出的一个重要观点。在先生看来,中国的国民性原本是好的,但在封建专制文化的长期熏陶和压抑下,逐渐产生并积累了弊端。幸而国民心中的真善美尚未泯灭,这正是中国的希望之所在,也正是先生批判国民性弊端的良苦用心之所在。回到"幼者本位"和"以爱为纲",先生提出:

所以觉醒的人,此后应将这天性的爱,更加扩张,更加醇化;用无我的爱,自己牺牲于后起新人。

这里,先生提出了一个十分重要的观点,那就是人类不能停留于生物的爱的水平。人不仅有生物性,而且有社会性。人的天性的爱要扩张——有远比一般生物更大的爱的广度,要醇化——有远比一般生物更丰富的爱的深度。人要有如此爱的自觉,为了后代的发展,要有无我的牺牲精神。在这个意义上,先生提出:

独有"爱"是真的。

对于"爱",人们一般是从感性角度认识的。先生更深一层,从理性角度告诉我们,"爱"是真理。践行真"爱"需要发扬牺牲精神,而

44　　牺牲精神是有生物学、人类学基础的。先生指出：

　　人类总有些为他人牺牲自己的精神，而况生物自发生以来，交互关联，一人的血统，大抵总与他人有多少关系，不会完全灭绝。

　　先生认为，"无我"具有相对性，一个人作为生物界的个体，决不是孤立存在的。这也就是先生在逝世前不久写的《"这也是生活"……》中所言：

　　无穷的远方，无数的人们，都和我有关。

　　先生具有大爱、博爱精神，珍爱一切生命。他 1922 年发表的《兔和猫》，对悄然逝去的小兔、小狗、鸽子乃至苍蝇，表示了怜惜和感叹——"我总觉得凄凉"，"假如造物主也可以责备，那么，我以为他实在将生命造得太滥，毁得太滥了。"

　　在《我们现在怎样做父亲》的结尾，先生带有总结性地写道：

　　总而言之，觉醒的父母，完全应该是义务的，利他的，牺牲的，很不易做；而在中国尤不易做。中国觉醒的人，为想随顺长者解放幼者，便须一面清结旧账，一面开辟新路。

　　这里提出的要求很高，要求觉醒的父母完全做到"义务""利他"和富有牺牲精神。先生清楚，这"很不易做"，在中国"犹不易做"。为此，要从两方面作出努力，一是清除历史留下来的糟粕——"清结旧账"，二是弘扬新的时代精神——"开辟新路"。不易、很不易却还要做，体现的是儒家精髓"明知不可为而为之"。关于为了孩子而发扬牺牲精神，最著名的，当属先生的下面一段话：

　　自己背着因袭的重担，肩住了黑暗的闸门，放他们到宽阔光明的地方去；此后幸福的度日，合理的做人。

　　这段话，在文章开首说了，结尾又重复了一遍，可见分量之重。先生是要让我们牢记，爱，是与牺牲精神联系在一起的，这才是可以作为

"纲"的"离绝了交换关系利害关系的爱"。

幼者本位，不惜牺牲自己，且不责望报偿的"以爱为纲"，子女会不会因此而与父母疏隔，父母会不会因此而一无所得呢？对此，先生作了如下分析：

> 父母生了子女，同时又有天性的爱，这爱又很深广很长久，不会即离。现在世界没有大同，相爱还有差等，子女对于父母，也便最爱，最关切，不会即离。所以疏隔一层，不劳多虑。至于一种例外的人，或者非爱所能钩连。但若爱力尚且不能钩连，那便任凭什么"恩威，名分，天经，地义"之类，更是钩连不住。

这是说，在一般情况下，爱是相互的，父母爱子女，子女也会爱父母。世界没有大同，与社会上各色各样的爱相比，父母与子女的互爱是最可靠的爱，一般不会相分离。当然总会有人例外，犹如先生在《野草》的《颓败线的颤动》中所写的，那个母亲为了女儿活下去而被迫卖淫，女儿长大成人后却将母亲无情抛弃的悲哀故事。但先生提出，如果连爱也不能维系的关系，靠其他因素还能维系吗？

2. 让"对于一切幼者的爱"永恒

"以爱为纲"的进一步阐述，是鲁迅 1919 年发表的《随感录六十三"与幼者"》，这是一篇与《我们现在怎样做父亲》密切相关的文章，文章一开始写道：

> 做了《我们现在怎样做父亲》的后两日，在有岛武郎（按：日本小说家）《著作集》里看到《与幼者》这一篇小说，觉得很有许多好的话。

先生引用的有岛武郎"好的话"中，最后两段这样说：

> 幼者呵！将又不幸又幸福的你们的父母的祝福，浸在胸中，上人生的旅路罢。前途很远，也很暗。然而不要怕。不怕的人的面前才有路。

走罢！勇猛着！幼者呵！

先生对《与幼者》作了如下分析：

有岛氏是白桦派（按：近代日本的一个文学派别，以创办《白桦》杂志而得名），是一个觉醒的，所以有这等话；但里面也免不了带些眷恋凄怆的气息。

这也是时代的关系。将来便不特没有解放的话，并且不起解放的心，更没有什么眷恋和凄怆；只有爱依然存在。——但是对于一切幼者的爱。

在先生看来，幼者当时所处的环境存在许多黑暗现象，所以长者要发扬牺牲精神，肩负起解放幼者的使命，并且鼓励幼者自主勇敢地走上人生旅途。先生认为，有岛武郎是一个觉醒者，但"免不了带些眷恋凄怆的气息"，这是由时代造成的。将来的前景光明，总有一天光明占主导地位，不仅不需要再说解放幼者的话了，连解放幼者的念头也不会产生了——因为到那时，幼者已经解放了。当然，那是一个辽远而又辽远的梦想。梦想实现的时代存在什么呢？存在爱，对一切幼者的爱。"只有爱依然存在"。先生告诉我们，对待儿童以爱为纲，这个纲是永恒的。

3．对"以爱为纲"的形象化描述

我们可以在鲁迅 1924 年发表的小说《在酒楼上》和 1925 年写的小说《孤独者》中，看到关于"以爱为纲"的形象化描述。

（1）对农村少女阿顺："祝赞她一生幸福，愿世界为她变好"

《在酒楼上》有一段是吕纬甫讲述他的邻居长富的女儿阿顺的故事，先介绍了她的外貌：

长得并不好看，不过是平常的瘦瘦的瓜子脸，黄脸皮；独有眼睛非常大，睫毛也很长，眼白又青得如夜的晴天，而且是北方的无风的晴天，这里的就没有那么明净了。

可以看出，用吕的口吻，特写式描述阿顺的眼睛，是渗透着先生作为长者，对一个普通农村女孩的真挚关爱感情的。然后介绍了她的表现：

她很能干，十多岁没了母亲，招呼两个小弟妹都靠她；又得服侍父亲，事事都周到；也经济，家计倒渐渐的稳当起来了。邻居几乎没有一个不夸奖她，连长富也时常说些感激的话。

可见，这是一个爱家、勤勉和有做家务能力，并且得到人们好评的少女。

文章接着进入主题，讲吕为阿顺买剪绒花的故事。故事是从吕谈他母亲开始的：

"这一次我动身回来的时候，我的母亲又记得她了，老年人记性真长久。她说她曾经知道顺姑因为看见谁的头上戴着红的剪绒花，自己也想有一朵，弄不到，哭了，哭了小半夜，就挨了她父亲的一顿打，后来眼眶还红肿了两三天。这种剪绒花是外省的东西，S城里尚且买不出，她那里想得到手呢？趁我这一次回南的便，便叫我买两朵去送她。"

家境贫寒的阿顺，少女的爱美之心依然存在，却很难得到，想买一朵红色剪绒花的小小愿望也难以实现。读到此处，真让人感慨。吕的母亲想通过自己的儿子帮助她，体现了一种扩展了的母爱。对此，吕是什么态度呢？他说：

"我对于这差使倒并不以为烦厌，反而很喜欢；为阿顺，我实在还有些愿意出力的意思的。"

"实在"很喜欢、愿意为阿顺出力，这是吕对孩子的爱的真情流露。接着是吕对前年阿顺为他调荞麦粉一事的回忆：

"前年，我回来接我母亲的时候，有一天，长富正在家，不知怎的我和他闲谈起来了。他便要请我吃点心，荞麦粉，并且告诉我所加的是白糖。"

吕被劝不过，答应了，但要求只用小碗。长富很识世故，便嘱咐阿顺说："他们文人，是不会吃东西的。你就用小碗，多加糖！"阿顺怎么做的呢？

"然而等到调好端来的时候，仍然使我吃一吓，是一大碗，足够我吃一天。但是和长富吃的一碗比起来，我的也确乎算小碗。"

怎么办呢？吕说：

"我漫然的吃了几口，就想不吃了，然而无意中，忽然间看见阿顺远远的站在屋角里，就使我立刻消失了放下碗筷的勇气。我看她的神情，是害怕而且希望，大约怕自己调得不好，愿我们吃得有味。我知道如果剩下大半碗来，一定要使她失望，而且很抱歉。我于是同时决心，放开喉咙灌下去了，几乎吃得和长富一样快。我由此才知道硬吃的苦痛，我只记得还做孩子时候的吃尽一碗拌着驱除蛔虫药粉的沙糖才有这样难。"

吃完后的心情如何呢？吕说：

"然而我毫不抱怨，因为她过来收拾空碗时候的忍着的得意的笑容，已尽够赔偿我的苦痛而有余了。所以我这一夜虽然饱胀得睡不稳，又做了一大串恶梦，也还是祝赞她一生幸福，愿世界为她变好。"

读到先生笔下吕纬甫心理活动和具体行为的细腻描写，我颇受感动。一件似乎很小的事，所体现的却是一种爱孩子的境界：为了孩子高兴，自己吃点苦毫无怨言。不仅如此，而且"祝赞她一生幸福，愿世界为她变好"，这既是对阿顺，也是对全中国、乃至全世界儿童的祝愿吧。有了这种境界，以积极态度为阿顺买剪绒花就是自然而然的了：

"我先前并不知道她曾经为了一朵剪绒花挨打，但因为母亲一说起，便也记得了荞麦粉的事，意外的勤快起来了。我先在太原城里搜求了一遍，都没有；一直到济南……"

吕把买剪绒花当成了一件重要事，为的是满足少女阿顺的心愿。到济南买到剪绒花了。吕说：

"我也不知道使她挨打的是不是这一种，总之是绒做的罢了。我也不知道她喜欢深色还是浅色，就买了一朵大红的，一朵粉红的，都带到这里来。"

考虑颇周到。这又是发自内心的爱孩子的生动写照。可惜，当吕准备把剪绒花带给阿顺时，有人叹息告诉他："顺姑没有福气戴这剪绒花了。"她起先不过小伤风，终于躺倒了，病逝了。这是旧社会少女的悲剧。

(2) 对房东孩子："看得比自己的性命还宝贵"

《孤独者》中的魏连殳，是一个"素性这么冷""很有些古怪"的"异类"，但他对孩子却有着难得的热心和热情。有一次，"我"和魏见了面，话说得差不多了：

我正想走时，门外一阵喧嚷和脚步声，四个男女孩子闯进来了。大的八九岁，小的四五岁，手脸和衣服都很脏，而且丑得可以。但是连殳的眼里却即刻发出欢喜的光来了，连忙站起，向客厅间壁的房里走，一面说道：

"大良，二良，都来！你们昨天要的口琴，我已经买来了。"

孩子们便跟着一齐拥进去，立刻又各人吹着一个口琴一拥而出，一出客厅门，不知怎的便打将起来。有一个哭了。魏跟在后面嘱咐道："一人一个，都一样的。不要争呵！""我"问："这么多的一群孩子都是谁呢？"魏答："是房主人的。他们都没有母亲，只有一个祖母。"再请看：

50　　　　那房主的孩子们，总是互相争吵，打翻碗碟，硬讨点心，乱得人头昏。但连殳一见他们，却再不像平时那样的冷冷的了，看得比自己的性命还宝贵。听说有一回，三良发了红斑痧，竟急得他脸上的黑气愈见其黑了；不料那病是轻的，于是后来便被孩子们的祖母传作笑柄。

　　和《在酒楼上》的吕纬甫一样，《孤独者》中魏连殳对孩子的真爱，令人动容。一句"看得比自己的性命还宝贵"，是"幼者为本"的极致表述，我们看到的是先生对孩子的挚爱之情。据胡风回忆，先生曾直言不讳地对他说：《孤独者》"那是写我自己的"①。在魏连殳身上，可以看到作者本人的影子："原来他是一个短小瘦削的人，长方脸，蓬松的头发和浓黑的须眉占了一脸的小半，只见两眼在黑气里发光。""像一匹受伤的狼，当深夜在旷野中嗥叫，惨伤里夹杂着愤怒和悲哀。"愤怒和悲哀，是和先生对中国人民，尤其是对儿童的深爱紧密相连的。

　　（3）与革命烈士相关的爱孩子

　　以爱为纲的形象化描述，我们还可以从先生对爱国民主人士杨杏佛的评价中看到。杨被国民党特务暗杀时，用自己的身躯挡住敌人的子弹，保护了儿子。据冯雪峰回忆，鲁迅听后说：

　　可见他当时是清醒的，首先掩护了自己的孩子。……就说动物罢，也有动物的本性，临难时也先救护幼小者。有后代，就是有将来！……能够如此，也是不容易的。②

　　先生认为，即使从动物的本性角度来分析，杨杏佛临难时"先救护幼小者"的行为，也是崇高的。先生本人对革命烈士后代爱护有加，热忱资助。他 1912 年 10 月 24 日日记，记有"捐贫儿院银一圆"。贫儿院

①　转引自钱理群著：《鲁迅作品细读》，北京出版社 2017 年版，第 43 页。
②　李新宇、周海婴主编：《鲁迅大全集》第十卷，长江文艺出版社 2011 年版，第507 页。

全称北京贫儿院，创办于 1911 年 7 月，曾收容辛亥革命中牺牲者的 30 余名孤儿。1912 年 8 月该院为兴建房舍募集捐款，先生曾多次认捐。1931 年"左联五烈士"之一柔石在上海龙华被国民党反动派枪杀后，先生捐款 100 元，作为柔石遗孤的教育费。柔石著有长篇小说《旧时代之死》，先生 1931 年 9 月 11、15 日，两次致信北新书局老板李小峰，催索该书版税，为柔石子女筹措教育费。11 日信说："《旧时代之死》之作者之家族，现颇窘，几个友人为之集款存储，作孩子读书之用。该书八月应结版税，希为结算示知，或由我代取，或当由其旧友走取均可。"15 日信中说："《旧时代》款，能速交下，最好。"

三、"幼者为本"和"以爱为纲"的当下价值

儿童问题，不是某一个时代、一个国家独有的问题，而是整个人类社会所面对的一个永恒的重大课题。鲁迅提出对孩子要做到"幼者为本"和"以爱为纲"，适用于当今世界各国的儿童事业发展，当然，尤其适用于当代中国儿童事业的发展。

1. 希拉里·罗德姆·克林顿为何写《举全村之力》？

试看今日之大千世界，父母对于孩子，一般都是愿意付出，并且在一定程度上作出牺牲的，但是否做到了"幼者为本"，有一个衡量尺度问题。如果用鲁迅当年提出的"无我"尺度，也许真正做到位的人并不多。这里有社会和个人两方面的原因。

从社会看，资本主义发展早期，出现了工人子女得不到照料的情况。恩格斯在 1844—1845 年写作的《英国工人阶级状况》中指出："有

52　　　许多家庭，妻子和丈夫都外出工作，结果孩子就完全没有人照顾，他们或者被锁在家里，或者交给别人照看。这样，如果有成百的这种孩子死于各种各样的不幸事件，也就没有什么奇怪的了。""忽视一切家庭义务，特别是忽视对孩子的义务，在英国工人中是太平常了，这主要是现代社会制度促成的。"但这种状况逐步改变，恩格斯在《英国工人阶级状况》1892 年德文第二版序言中说："本书所描写的情况，至少就英国而言，现在在很多方面都已经成为过去。"①历史往往会在一定程度上重演。在我国工业化进程中，许多青年人因为疲于职场打拼、工作过于紧张劳累（特别是高级白领），或在遥远的异地工作（主要是进城打工的农民工）而无暇照顾孩子。

　　从个人看，现代社会是鼓励人格独立和每个人在承担法定责任的前提下追求自由幸福的。"五四"之后，个性解放逐步成为新思潮，自 20 世纪二三十年代起，觉醒的青年男女与父权专制作斗争，甚至反叛家庭压制而出走，成为难以阻挡的历史潮流。作家巴金的"爱情三部曲"——《雾》《雨》《电》和"激流三部曲"——《家》《春》《秋》，之所以几乎成为所有识字的中国人，尤其是知识青年爱读的书，并且一直延续到 20 世纪五六十年代，至今还有人读，与作品艺术地反映了青年男女反抗封建家庭专制的压迫，有着密切关系。鲁迅和许广平也是这方面的反抗者，虽然先生下决心以和缓方式反叛母亲的包办婚姻，已是自己 40 多岁时的事了。

　　个性解放是对父权专制的反叛，却也引发人们对自己与子女关系的思考。许多人会想，如果说"幼者本位"，那么，在短暂的人生旅途中，"我"自身的位置又在哪里呢？难道"我"只有为孩子作出奉献甚至牺

---

① 《马克思恩格斯文集》第一卷，人民出版社 2009 年版，第 365—366 页。

牲的义务，而没有享受人生的权利吗？有人不想生孩子，与对这个问题没有想清楚，或者想清楚后不选择为孩子甘愿吃苦直接有关。"以爱为纲"同样如此。天下父母谁不爱孩子呢？然而，"爱"究竟为何物？父母怎么对待孩子才是真正的爱？许多人似乎并没有搞清楚。

事物往往会走极端，在反封建家庭专制的过程中，却又出现了有些人对父母抚养自己之辛苦缺乏应有的体会和自己对子女缺乏应有关爱的问题。他们片面理解个性解放，只追求自己享乐，不关心父母，不愿花足够精力在孩子身上，就像鲁迅所批评的"新人物"那样。当然，在20世纪三四十年代的中国，之所以出现这些问题，也与当时的经济社会发展水平密切相关。许多人在饥饿线、生存线上挣扎，实在也没有精力照顾父母和孩子。有些人对父母关心不够，对子女放任，或许并非他们的初衷。

儿童问题在国外同样存在。美国前总统比尔·克林顿的夫人，致力于妇女和儿童事业，以后又成为美国国务卿的希拉里·罗德姆·克林顿，1996年写了《举全村之力》一书。她在引言中说："非洲谚语'举全村之力养育一个孩子'为我总结了一个常识性结论：我们所居住的世界互相依靠，我们的孩子在这个世界上的所闻、所见、所感、所学将会影响他们的成长，影响他们的人生。""父母是对孩子有着最重要影响的人。但是，几十年为儿童工作的经历告诉我没有一个家庭生活在真空里，许多父母需要获得支持才能在自己能力范围内成为最棒的父母。但令人伤心的是，不是每一个孩子都能拥有堪称守护者的父母。"①

当代中国，家庭问题仍然突出，除了上述无暇照顾孩子的问题，还

① ［美］希拉里·罗德姆·克林顿著：《举全村之力》，曾桂娥译，上海三联出版社2009年版，第3—4页。

存在其他问题，只是具体表现与过去有所不同。旧中国大多数父母为孩子的生存和温饱发愁，今天虽然在少数地区儿童的贫困问题仍未解决，但大多数父母则主要存在对孩子教育缺少"招数"的无奈。有一年"三八"妇女节，宝钢发布女员工问卷调查结果，60%以上认为自己在子女教育方面"不成功"或者"不够成功"。这不仅是作为母亲的女员工们遇到的问题，也是作为父亲的男员工们遇到的问题。

我在研读鲁迅儿童观时，反思自己的经历，联系所听到、读到的相关历史和所看到、听到、读到的社会现象，感到"幼者为本"和"以爱为纲"，是鲁迅向天下父母提出的一个非常现实和十分深刻的重大人生命题。在具体的人生实践中，践行好这个命题并不容易（本书的第五章是介绍鲁迅夫妇怎么带孩子的，先生坦陈带孩子"非常累"；第七章谈我和夫人"隔代带"孩子的苦乐相交心得，也是有感而发）。但"幼者为本"和"以爱为纲"的命题本身很有价值，在这两个命题的引导下，深入思考我们今天怎么抚育和培养孩子，是很有意义的。与此相关，我想到两个带有基本性的问题：怎么处理"无我"与"有我"的关系？怎么认识对孩子的爱？

2. 怎么处理"无我"与"有我"的关系？

从"长者为本"变为"幼者为本"，鲁迅提出要做到"无我"。仔细推敲起来，"无我"具有相对性，并不是绝对"无我"。先生对此已经作了说明，他说的"无我"，是希望父母、长者对孩子，要增加义务观念，核减权利观念；要把孩子置于高于自己的位置，先孩子后自己。现实生活中，在践行"无我"观念时，父母、长者往往也存在"有我"的一面，在为孩子的同时，也会想想"为我"，即为自己。为孩子，为自己，两者有时是统一的，有时则是矛盾的——也许在许多人看来，更多时候是矛盾的。面对这种矛盾，简单要求父母、长者增加一点"无我""为孩子"，减少一点"有我""为自己"，对大多数人而言似乎并不能有效地解决问题。在我看来，解决问题的根本方法也许是找到一个结合点——既是"无我"又是"为我"的结合点。对此，鲁迅关于"爱己"的论述给我们以启发。先生在《我们现在怎样做父亲》中是这样说的：

无论何国何人，大都承认"爱己"是一件应当的事。这便是保存生命的要义，也就是继续生命的根基。因为将来的运命，早在现在决定，故父母的缺点，便是子孙灭亡的伏线，生命的危机。

先生在引用了易卜生剧本《群鬼》中欧仕华因为父亲的不检、先天得了病毒，"中途不能做人了"之后，联系当时中国社会"能时时看见先天梅毒性病儿的惨状"，进一步指出：

可怕的遗传，并不只是梅毒；另外许多精神上体质上的缺点，也可以传之子孙，而且久而久之，连社会都蒙着影响。我们且不高谈人群，单为子女说，便可以说凡是不爱己的人，实在欠缺做父亲的资格。

可见，先生是把"爱己""有我"与爱孩子、"无我"结合起来的。也就是说，为了更好"无我"地爱孩子，你必须"有我"地爱自己，否则你就没有真正做到"无我"地爱孩子。这里涉及对"爱己"的理解。"爱己"决非放纵自己，先生在 1925 年 5 月发表的《北京通信》中指出：

我之所谓生存，并不是苟活；所谓温饱，并不是奢侈；所谓发展，也不是放纵。

"有我""爱己"，就应严格要求自己，使自己成为一个身体健康、精神健全的人。这样，"无我"地爱孩子就成为"有我"地爱自己的动力。我觉得，这是一种积极的人生态度。

为了孩子而做到"无我"，愿意为孩子多多付出是基本的，但更好

56 的做法是不仅心甘情愿乐于付出，还能解决怎么付出的问题，把付出与投入紧紧结合起来。向谁投入？首先向自己投入，或者说向自己输入，为提升自己的素质和能力而投入和输入。投入和输入什么呢？是抚育和培养孩子所需要的知识——最重要的是怎么做人的知识，并且认认真真付诸于自己行动。学习"怎么做人"，是人一辈子都需要的，在人文知识被忽视和知识半衰期大大缩短的现代社会，就显得更重要了。早在1970年，法国教育家朗格朗就写了《终身教育引论》。他认为，现代人面临各种挑战，"一个人有了一定的知识和技能以后便可以终身应付裕如，这种观念正在迅速过时并在消失之中"[①]。"终身教育"理念，很快成为当代一种国际性教育思潮，成为人类的共识。"终身教育"对个人而言就是终身学习，我们应该把抚育和培养孩子所需要的知识列为终身学习的重要内容。我在思考"终身教育"问题时，觉得有必要警惕的是，不能把"终身教育"的内容局限于技能教育，而应把"怎么做人"作为最重要的内容。

抚育和培养孩子的过程，也是向孩子学习的过程。孩子最重要的特性是纯真，成人在抚育孩子的过程中，可以发现和反思现代文明中负面的东西对自己造成"污染"、带来不纯真的一面，净化心灵，返璞归真。为了孩子，从"无我"出发的行为，同时达到了"有我"的效果——得到了自我改善。

处理"无我"与"有我"关系，必然会遇到怎么看待鲁迅当年批评的父母、长者"责望报偿"的思想。在先生所处的年代，平民百姓一般是期待养儿防老的。这在人老了生活除了靠子女（特别是儿子）外没有

---

① 单中惠、朱镜人主编：《外国教育经典解读》，上海教育出版社 2004 年版，第332 页。

其他指望的社会中，是自然的、无可厚非的。现在，越来越多的中国人参加了社会养老保险和医疗保险，许多人在老之前已积赚了够养老的资金，加上基本养老金，物质层面的养儿防老已没有大的意义，但老人对来自子女的亲情慰藉需求依然存在。

当代大多数中国城市老人年轻时生儿育女，正逢国家实行独生子女政策。孩子长大结婚成家了，国家开始实行二孩政策。这样，许多家庭就形成了一对青年或中年夫妇，上有四个老人、下有两个孩子的格局。加上子女在激烈的市场竞争中工作，即使他们有报偿老人之心，也鲜有报偿之力。面对这样的现实，许多老人作出了或明智或无奈的抉择：增强自立养老能力，不给或少给子女添麻烦。在尚未真正衰老之前，按照需要程度不同地承担"隔代带"义务。可不可以说，这是克服"责望报偿"心态的当下价值呢？

3. 怎么认识对孩子的爱？

中国古代伟大的思想家、教育家孔子创立的儒家学说，核心内容是"仁"。樊迟问仁。子曰："爱人。"[1]可以列为中国古典文学名著之首的《红楼梦》，作者曹雪芹本人称是"大旨谈情"。享有国际声誉的当代哲学家、美学家李泽厚，20 世纪 80 年代提出了"情本体"。情不等于爱，然而爱是情之核心。

人人需要爱，儿童尤其如此。一方面，儿童是缺乏自我生存能力的幼体，须臾离不开成人的呵护关爱；另一方面，儿童能否成长为有爱心的人，在很大程度上取决于他的童年是不是能够得到关爱。爱又是抚育和培养儿童最大的动力。抚育和培养儿童需要巨大付出，用鲁迅的话来

---

[1] 　杨伯峻译注：《论语译注》，中华书局 2006 年版，第 146 页。

说，要有牺牲精神。这种付出甚至作出牺牲，没有深沉的爱是不可能做到的。现代作家中，把爱和儿童密切联系起来的，除了鲁迅，人们还很容易记起的，有五四时期在文坛最负盛名的女作家冰心。早在20世纪20年代初，冰心就向《晨报》建议开辟关于儿童的专栏。1923年7月起，远在美国留学的她就在《晨报》副刊"儿童世界"专栏上发表了《给儿童世界的小读者》，成为影响深远的《寄小读者》的开端①。我在冰心文学馆中，看到陈列着她手书的一幅字："爱能改变一切，给世界以爱和美。"

高等动物的爱是一种天性，人类之爱除了天性外，还具有社会性。社会性可能使人对孩子的爱远远超越一般的高等动物，演绎出一幕幕动人的父母爱子女的人间亲情故事，也就是鲁迅所期望的"天性的爱"的"更加扩张，更加醇化"。青年马克思曾经这样歌颂父母之爱："还有什么比父母心中蕴藏着的情感更为神圣的呢？父母的心，是最仁慈的法官，是最贴心的朋友，是爱的太阳，它的光焰照耀温暖着凝集在我们心灵深处的意向！"②

但社会性也可能造成人类对孩子的爱不如一般高等动物，也就是鲁迅批判过的"人不如兽"的人的退化现象。每一个为人父母者，都生活在现实社会中，都面临使天性"扩张，醇化"、实现天性的升华，还是取放纵态度、任凭天性退化的选择。社会学家费孝通晚年提出"文化自觉"的重要理念。联系到儿童教育，身为人，对待孩子，就应超越一般高等动物，就要有选择对孩子"天性的爱"升华的自觉。

也许有人会问，这种升华的自觉，能不能衡量、评价呢？我觉得可

① 陈恕著：《冰心全传》，中国青年出版社2011年版，第80—81页。
② 《马克思 恩格斯 列宁 斯大林论恋爱、婚姻和家庭》，红旗出版社1982年版，第100页。

以的。最重要的是体现在对孩子舍得投入，首先是舍得陪孩子玩。为了孩子，为了未来，倡导"多付出一点"的牺牲精神很有必要。我们这代人在过去所接受的教育中，往往认为把时间和精力越多地放在工作上、越少地放在家庭中，才是觉悟高的表现。那个年代文艺作品中的模范人物，都是不食人间烟火的高大全角色。我们中的许多人，在孩子的童年时代，陪伴他们是很不够的。改革开放以来，被禁锢的视野逐步打开，才知道连革命导师马克思也充满爱女之情，女儿们年幼时，只要条件允许，他和她们常常一玩就是几个小时，星期天一整天都和女儿们在一起，去郊游，给孩子们讲故事。

对孩子舍得投入，不仅是物质方面的投入，更要紧的是教育方面的投入，而基础则是时间和精力方面的投入。投入包括直接和间接，直接的是说直接面对孩子的投入，间接的是说自身学习研究与儿童相关的学问、提升相关的能力，两者相辅相成。鲁迅认为，只有自己身体健康、品德好，又有知识，才能更好地抚育和培养孩子。是的，我们对孩子，既要有爱之心，又要有爱之力。如果只有爱之心却缺乏爱之力，你对孩子的爱在很大程度上就是苍白无力的。

怎么认识爱？这并不是一个简单的问题，事实上，古往今来存在不少"错爱"——爱的错位。许多人对孩子是有爱心的，但由于对孩子不理解，爱的方法是错的，孩子得不到真正的爱。这就涉及儿童教育方针了，这是本书第三章要讨论的问题。

第三章 Chapter 3

"保存、延续、发展生命"和"一是理解、二是指导、三是解放"

　　鲁迅 1925 年发表的《忽然想到六》和《北京通信》，两次谈"立人"目标为："一要生存，二要温饱，三要发展。"这个目标在他的儿童观中，具体化为"保存、延续、发展生命"和"一是理解、二是指导、三是解放"。前者是先生儿童观的基本思想，后者则是先生提出的儿童教育方针。

一、"健全的产生，尽力的教育，完全的解放"

鲁迅的《我们现在怎样做父亲》，直面当时的中国社会，在批判国民性弊端过程中，阐述了他的儿童观基本思想。先生从生物学的角度切入，扩展到人类学、社会学，聚焦"儿童的生命"，谈了"保存、延续、发展生命"。

1."第一要紧的自然是生命"

先生在阐述了他为什么要写《我们现在怎样做父亲》一文之后指出：

我现在心以为然的道理，极其简单。便是依据生物界的现象，一，要保存生命；二，要延续这生命；三，要发展这生命（就是进化）。生物都这样做，父亲也就是这样做。

这个"极其简单"的道理，与"一要生存，二要温饱，三要发展"的"立人"目标大致相对应。"保存"对应"生存"，"延续"对应"温饱"，"发展"对应"发展"。先生紧接着强调了生命对于生物的意义：

生命的价值和生命价值的高下，现在可以不论。单照常识判断，便知道既是生物，第一要紧的自然是生命。因为生物之所以为生物，全在有这生命，否则失了生物的意义。

从生物"第一要紧的自然是生命"这一论点出发，如本书第二章所述，先生提出了应当"爱己"——为了爱孩子就应当爱自己。这里，他再以易卜生的剧本故事为例，作进一步的说明：

易卜生做的《群鬼》（有潘家洵君译本，载在《新潮》一卷五号）虽然重在男女问题，但我们也可以看出遗传的可怕。欧士华本是要生活，能创作的人，因为父亲的不检，先天得了病毒，中途不能做人了。

先生从外国讲到中国：

　　这种事情，中国也很多，只要在医院做事，便能时时看见先天梅毒性病儿的惨状；而且傲然的送来的，又大抵是他的父母。

　　先生进一步论述：

　　我们且不高谈人群，单为子女说，便可以说凡是不爱己的人，实在欠缺做父亲的资格。就令硬做了父亲，也不过如古代的草寇称王一般，万万算不了正统。将来学问发达，社会改造时，他们侥幸留下的苗裔，恐怕总不免要受善种学（Eugenics）（按：善种学即优生学，先生以后对这种把生物学照搬到社会生活上来的学说采取了否定态度）者的处置。

　　生命的保存和延续对任何人而言都至关重要，对儿童则格外重要，因为作为幼小的生命体，儿童没有保存和延续生命的能力，靠父母的抚育才能长大成人。儿童的生命健康与遗传有莫大关系，所以父母应当增强健康意识，尽可能注意保健，使自己有良好的体质。在先生看来，做不到这一点的男人，"实在欠缺做父亲的资格"，即使做了也"万万算不了正统"。母亲当然更是如此。在人们的体质普遍孱弱多病、被称为"东亚病夫"的当时中国，先生严肃地提出这个问题，具有强烈的针对性。当然，保存和延续儿童的生命，还必须注意孩子出生后的保健（在本书第五章可以看到先生夫妇是如何注重海婴保健的）。

　　先生很看重儿童的体育锻炼，据与鲁迅家庭有过密切交往的俞芳在《我记忆中的鲁迅先生》中回忆，先生曾经指出：

　　体育锻炼能活动筋骨，天天做操，身体会长得健壮，行动灵活。

　　一个人有了健壮的身体，才能读好书，作好工作。身体不好，将来会一事无成。①

---

① 李新宇、周海婴主编：《鲁迅大全集》第十卷，长江文艺出版社 2011 年版，第556、557 页。

谈了生命的保存和延续后，先生接着说生命的发展：

倘若现在父母并没有将什么精神上体质上的缺点交给子女，又不遇意外的事，子女便当然健康，总算已经达到了继续生命的目的。

请注意，先生谈健康，是包括"精神"和"体质"两方面的，还涉及自然和社会因素——"不遇意外的事"。子女健康了，够不够呢？不够。先生接着说：

但父母的责任还没有完，因为生命虽然继续了，却是停顿不得，所以还须教这新生命去发展。凡动物较高等的，对于幼雏，除了养育保护以外，往往还教他们生存上必需的本领。例如飞禽便教飞翔，鸷兽便教搏击。人类更高几等，便也有愿意子孙更进一层的天性。这也是爱，上文所说的是对于现在，这是对于将来。只要思想未遭锢蔽的人，谁也喜欢子女比自己更强，更健康，更聪明高尚，——更幸福；就是超越了自己，超越了过去。

先生从生物学谈到人类学，指出人类比"较高等"的动物还要高几等，所以具有希望自己后代的生命发展的天性——这种天性"也是爱"。当然，这已不仅是天性了，而且是为人父母的责任。前面谈生命的保存和延续时说"生命的价值及高下可以不论"，这里谈生命的发展则是在谈"生命的价值及高下"了。生命发展的目标是什么？是使子女"超越了自己，超越了过去"，比自己"更幸福"，体现为比自己"更强，更健康，更聪明高尚"。

2. "将这天性的爱，更加扩张，更加醇化"

生命何以发展呢？按照"以爱为纲"的态度，鲁迅指出：

此后应将这天性的爱，更加扩张，更加醇化；用无我的爱，自己牺牲于后起新人。

　　先生在前面已经指出，人类毕竟不能等同于动物，对孩子的爱不能停留于天性。应该怎样呢？应该将天性的爱"更加扩张，更加醇化"。本书第二章已对此作过分析。"扩张"主要讲量的增长，"醇化"主要讲质的提升。扩张和醇化，都是不易做到的事，为了使后代成为超越自己的新人，需要"无我的爱"——为了孩子不惜牺牲自己。具体怎么做呢？先生指出：

　　开宗第一，便是理解。往昔的欧人对于孩子的误解，是以为成人的预备；中国人的误解，是以为缩小的成人。直到近来，经过许多学者的研究，才知道孩子的世界，与成人截然不同；倘不先行理解，一味蛮做，便大碍于孩子的发达。所以一切设施，都应该以孩子为本位，日本近来，觉悟的也很不少；对于儿童的设施，研究儿童的事业，都非常兴盛了。

　　先生提出成人对于孩子，首先要理解而不能误解。他认为对孩子的误解有两种，一种是过去欧洲人的误解，视孩子为成人的预备；一种是中国人的误解，视孩子为缩小的成人。视孩子为缩小的成人不对，这比较好理解。视孩子为成人的预备，为什么也错呢？因为这是一种片面性。孩子当然是成人的预备，但又不仅是成人的预备，而且是独立的生命，孩子有按照自己的特点享受生命的权利。先生以那时许多学者的研究成果为依据，指出"孩子的世界与成人截然不同"，对此不理解而"一味蛮做"，将大大妨碍孩子的发展。明确了这一点，与孩子相关的一切设施就都应以孩子为本位。在先生看来，当时的日本，不少人在这方面觉悟了，无论是儿童设施建设，还是对儿童事业的研究，都兴盛起来了。先生随后指出：

　　第二，便是指导。时势既有改变，生活也必须进化；所以后起的人物，一定尤异于前，决不能用同一模型，无理嵌定。长者须是指导者协商者,却不该是命令者。不但不该责幼者供奉自己;而且还须用全副精神,专为他们自己,养成他们有耐劳作的体力,纯洁高尚的道德,广博自由能容纳新潮流的精神,也就是能在世界新潮流中游泳,不被淹没的力量。

在理解的基础上,要对孩子进行指导。先生提出了指导孩子的两条原则,一是"决不能用同一模型,无理嵌定"。这里强调的,是尊重个性,因人而异、因材施教。二是"长者须是指导者协商者,却不该是命令者"。在提出做指导者的同时又提出了要做协商者,强调的是父母与孩子之间应建立一种新型的平等关系。同时,协商又是一种教育方法,有效的指导往往与协商联系在一起。之所以要提出上述两条原则,是因为时世已变,人须进化——"后起的人物"应与前人有所不同,须与时俱进。

为此,父母不仅不该责成孩子供奉自己,而且还要鼓励和引导孩子集中全部精力于自身的成长,成长的目标包括三个方面,一是"耐劳作的体力",讲健康的体魄;二是"纯洁高尚的道德",讲价值观;三是"广博自由能容纳新潮流的精神",这既是讲价值观,又具有方法论意义。成长的综合目标是具备"能在世界新潮流中游泳,不被淹没的力量"。人类世界在竞争中向前发展,优胜劣汰是客观规律。先生接着指出:

第三,便是解放。子女是即我非我的人,但既已分立,也便是人类中的人。因为即我,所以更应该尽教育的义务,交给他们自立的能力;因为非我,所以也应同时解放,全部为他们自己所有,成一个独立的人。

对于孩子,在理解和指导的基础上,是解放。孩子无论是"即我"还是"非我",都应解放。"即我",孩子和"我"有着亲密无间的血缘

父亲》中批评的对孩子的两种不同的误解，共同特点是没有理解孩子就是孩子——"孩子的世界与成人截然不同"。儿童的世界是什么样的呢？成人对儿童，主要应该理解什么呢？

1. 理解"游戏是儿童最正当的行为"

在先生看来，理解孩子，首先要理解孩子爱玩，爱做游戏的天性。

（1）百草园"那时是我的乐园"

先生的《从百草园到三味书屋》，对自己儿时在自家百草园里的"游戏"作了回顾，这是先生作品中难得的对童年的美好记忆：

> 我家的后面有一个很大的园，相传叫作百草园。现在是早已并屋子一起卖给朱文公（按：即朱熹，南宋理学家）的子孙了，连那最末次的相见也已经隔了七八年，其中似乎确凿只有一些野草；但那时却是我的乐园。

从园中可以看到，那时"我"的家还没有败落：

> 不必说碧绿的菜畦，光滑的石井栏，高大的皂荚树，紫红的桑椹；也不必说鸣蝉在树叶里长吟，肥胖的黄蜂伏在菜花上，轻捷的叫天子（云雀）忽然从草间直窜向云霄里去了。单是周围的短短的泥墙根一带，就有无限趣味。油蛉在这里低唱，蟋蟀们在这里弹琴。翻开断砖来，有时会遇见蜈蚣；还有斑蝥，倘若用手指按住它的脊梁，便会拍的一声，从后窍喷出一阵烟雾。

从植物写到动物（昆虫），再写到植物——缠络着的何首乌藤和木莲藤，还有带刺的覆盆子。又写到动物——传说中藏在长的草里的一条很大的赤链蛇，并且联系到长妈妈给"我"讲的"美女蛇"的故事。再写到在冬天的百草园，下雪后捕鸟的回忆。充满童趣的少年时代是短暂的，要离开百草园去上学了，"我"的情绪发生了明显变化：

　　我不知道为什么家里人要将我送进书塾里去了，而且还是全城中称　　69
为最严厉的书塾。

　　去书塾的原因"我"猜测不准，但将带来的一点结果是肯定的，那
就是：

　　我将不能常到百草园了。Ade（按：德语，"再见"的意思），我的
蟋蟀们！Ade，我的覆盆子们和木莲们！……

　　从以上描述可见，少年鲁迅的"无限趣味"在与自然界的植物和动
物的接触中间，哪怕并不是广阔的大自然，而只是自家的一小片后花
园。当他将去城里念书塾时，对百草园是多么留恋！这种惆怅，强烈地
表达了自己儿时爱玩的天性。

　　先生在《故乡》中，叙述了"我"和少年闰土的交往，从他嘴里听
到了许多前所未闻的新鲜事：大雪天捕鸟，夏天日里到海边捡贝壳、晚
上在西瓜地里用胡叉刺猹来咬瓜的猹。先生说：

　　我素不知道天下有这许多新鲜事：海边有如许五色的贝壳；西瓜有
这样危险的经历，我先前单知道他在水果店里出卖罢了。

　　当然还不止这些：

　　阿！闰土的心里有无穷无尽的希奇的事，都是我往常的朋友所不知
道的。他们不知道一些事，闰土在海边时，他们都和我一样只看见院子
里高墙上的四角的天空。

　　《从百草园到三味书屋》是少年鲁迅所见，《故乡》则是他所闻，共
同之处是儿童对自然的热爱。

　　先生的童年回忆，带有成人后"设身处地为孩子想一想"的意义。
他在 1923 年作的题为《娜拉走后怎样》的演讲中说：

　　第一需要记性。记性不佳，是有益于己而有害于子孙的。人们因为
能忘却，所以自己能渐渐地脱离了受过的苦痛，也因为能忘却，所以往

70 往照样地再犯前人的错误。

怎么办呢？先生说：

救济法就是各人去买一本 note-book 来，将自己现在的思想举动都记上，作为将来年龄和地位都改变了之后的参考。假如憎恶孩子要到公园去的时候，取来一翻，看见上面有一条道，"我想到中央公园去"，那就即刻心平气和了。

人生活在现实社会中，被无穷的甜酸苦辣纠缠，往事如烟，时过境迁，容易忘却。先生提醒大家"需要记性"，面对孩子的时候，想一想自己的童年，以增加对孩子爱玩、爱做游戏的理解。

先生本人是有"记性"的。许寿裳在回忆中，写了先生 1919 年买北京八道湾"大宅一所"，回南去迎接母亲及全眷来居住的情况："这宅子不但房间多，而且空地极大。鲁迅对我说过：'我取其空地很宽大，宜于儿童的游玩。'我答：'诚然，简直可以开运动会。'鲁迅那时并无子息，而其两弟作人和建人都有子女，他钟爱侄儿们，视同自己的所出，处处实行他的儿童本位的教育。"①

先生 1936 年 4 月 2 日给颜黎民的信中，关于对待孩子态度的一段话，也谈了"记性"问题：

我看你的爹爹，人是好的，不过记性差一点。他自己小的时候，一定也是不喜欢关在黑屋子里的，不过后来忘记那时的苦痛了，却来关自己的孩子。但以后该不再关你了罢；随他去罢。我希望你们有记性，将来上了年纪，不要再随便打孩子。不过孩子也会有错处的，要好好的对他说。

这里是说，子女对父母由于"记性"差没有善待自己的做法，要正

---

① 许寿裳著：《鲁迅传》，东方出版社 2009 年版，第 53 页。

确对待,或者说只能正确对待;但自己应该有"记性",对孩子,应该比父母做得好些。当然,这并不是纵容孩子的错误,而是说,要用正确方法教育孩子。

(2)两个对儿童不理解的典型事例

鲁迅的《五猖会》和《风筝》,从两个不同角度描述了成人不理解儿童爱玩、爱做游戏的天性。

《五猖会》讲的是父亲对儿子的不理解。文章开头写道:

孩子们所盼望的,过年过节之外,大概要数迎神赛会的时候了。

在交代了"我"难得看赛会等情况后,先生写道:

要到东关看五猖会去了。这是我儿时所罕逢的一件盛事。

用"罕逢的一件盛事"进一步点明看赛会对于儿时的"我"之吸引力,然后讲准备去了:

因为东关离城远,大清早大家就起来。昨夜预定好的三道明瓦窗的大船,已经泊在河埠头,船椅,饭菜,茶饮,点心盒子,都在陆续搬下去了。我笑着跳着,催他们要搬得快。

正在"我"高兴之际,却发生了令人不快的情况:

忽然,工人的脸色很谨肃了,我知道有些蹊跷,四面一看,父亲就站在我背后。

一个"就"字写出了父亲的威力。

"去拿你的书来。"他慢慢地说。

如此简单明了,又是如此不容商讨。一个字一个字慢慢吐出,越是慢,就越显威严。

这所谓"书",是指我开蒙时候所读的《鉴略》,因为我再没有第二本了。我们那里上学的岁数是多拣单数的,所以这使我记住我其时是七岁。

72　　父命不可违。

我忐忑着，拿了书来了。他使我同坐在堂中央的桌子前，教我一句一句地读下去。我担着心，一句一句地读下去。

两句一行，大约读了二三十行罢，他说：

"给我读熟。背不出，就不准去看会。"

绝对的命令，绝对的服从。

他说完，便站起来，走进房里去了。

我似乎从头上浇了一盆冷水。但是，有什么法子呢？自然是读着，读着，强记着，——而且要背出来。

文章接着详细描绘了"我"读和强记的过程，然后写道：

应用的物件已经搬完，家中由忙乱转成静肃了。朝阳照着西墙，天气很清朗。母亲，工人，长妈妈即阿长，都无法营救，只默默地静候着我读熟，而且背出来。在百静中，我似乎头里要伸出许多铁钳，将什么"生于太荒"之流夹住；也听到自己急急诵读的声音发着抖，仿佛深秋的蟋蟀，在夜中鸣叫似的。

"我"变成了"虫"，"我"真是像蟋蟀一样活着而悲鸣啊！父命对一个孩子造成的压力多大呀！

梦似的就背完了。

"不错。去罢。"父亲点着头，说。

大家同时活动起来，脸上都露出笑容，向河埠走去。

但"我"的心情却十分压抑：

我却并没有他们那么高兴。开船以后，水路中的风景，盒子里的点心，以及到了东关的五猖会的热闹，对于我似乎都没有什么大意思。

更严重的是，这件事颇难忘却：

直到现在，别的完全忘却，不留一点痕迹了，只有背诵《鉴略》这一段，却还分明如昨日事。

我至今一想起，还诧异我的父亲何以要在那时候叫我来背书。

应该承认，在主观上，父亲完全是为了儿子好，但他却不考虑儿子喜欢什么。父亲对儿子的不理解，伤了儿子的心，成为一种似乎永远抹不去的阴影。①

《风筝》讲的，是哥哥对弟弟的不理解。文章一开始描绘了一幅美丽的江南放风筝图：

故乡的风筝时节，是春二月，倘能听到沙沙的风轮声，仰头便能看见一个淡墨色的蟹风筝或嫩蓝色的蜈蚣风筝。

文章接着写了作为兄长的"我"和小兄弟，对风筝完全不同的态度："我"向来不爱放风筝，不爱到嫌恶的程度，以为这是没出息孩子所做的玩艺。然而，"我"的一个十岁不到、且多病而瘦得不堪的小兄弟却最喜欢风筝，自己买不起，"我"又不许放，他只得张着小嘴，呆看着空中出神，有时至于小半日。他的这些，在"我"看来都是笑柄，可鄙的。成人与儿童有着两个不同的世界。

接下来，讲了"我"损坏弟弟做的风筝的情况：有一天，"我"忽然想起似乎多日没看见他了，但记得曾见他在后园拾枯竹。"我"便跑向少有人去的一间堆积杂物的小屋去，果然发现了他，看见他正在做一个蝴蝶风筝，将要完工了。"我"怎么对待这件事呢？

我即刻伸手折断了蝴蝶的一枝翅骨，又将风轮掷在地下，踏扁了。论长幼，论力气，他是都敌不过我的，我当然得到完全的胜利，于是傲然走出，留他绝望地站在小屋里。

---

① 上述文本分析，有的吸收了钱理群教授的研究成果。参阅钱理群著：《鲁迅作品细读》，北京出版社 2017 年版，第 112—114 页。

　　"我"利用长者的权威加上小小的暴力，破坏了弟弟心爱的风筝制作，却并不认为自己做了什么错事，"我"的"傲然走出"与弟弟的"绝望"，形成了强烈反差。但多年后，"我"觉醒了。文章写道：

　　在我们离别得很久之后，我已经是中年。我不幸偶而看了一本外国的讲论儿童的书，才知道游戏是儿童最正当的行为，玩具是儿童的天使。于是二十年来毫不忆及的幼小时候对于精神的虐杀的这一幕，忽地在眼前展开，而我的心也仿佛同时变了铅块，很重很重的堕下去了。

　　人到中年，在"我"上升到"精神虐杀"高度的忏悔中，先生提出了"游戏是儿童最正当的行为，玩具是儿童的天使"的重要观点。文章没到此为止。最后一部分讲"我"想用各种方法补过，以求得弟弟的宽恕，弟弟却说他什么都记不得了。"我"断定他在"说谎罢了"。这就使"我"更加难受：

　　我还能希求什么呢？我的心只得沉重着。

　　现在，故乡的春天又在这异地的空中了，既给我久经逝去的儿时的回忆，而一并也带着无可把握的悲哀。

　　这两小段意味深长：与"长者为本"直接联系在一起的对幼者不理解，觉醒后却得不到被"虐"者的呼应，曾经做过的错事被忘却了，忘却，意味着错误将重复。这是更大的悲哀！

　　值得我们注意的是，《风筝》有它的早先版，那就是先生 1919 年发表的《自言自语》之七《我的兄弟》。该文已经有了《风筝》的梗概，《风筝》把它扩展了——具体化和深度挖掘。这说明，《风筝》中体现的思想，是先生经过深思熟虑的。

　　(3) 鲁迅的"玩具论"

　　上述先生认为"玩具是儿童的天使"，该是对玩具与儿童关系的最高评价了吧。先生 1934 年专门写有《玩具》一文。文章的由头是"儿童年"。1933 年 10 月，中华慈幼协会曾根据上海市儿童幸福委员会的提议，呈请国民政府定 1934 年为儿童年。国民政府于 1934 年 3 月发出"训令"，改定 1935 年为儿童年，但上海仍单独定 1934 年为儿童年。

《玩具》全文共六段，第一段是短短两句话：

今年是儿童年。我记得的，所以时常看看造给儿童的玩具。

先生看到的是什么样的玩具呢？文章的第二、第三段作了描写。第二段是这样写的：

马路旁边的洋货店里挂着零星小物件，纸上标明，是从法国运来的，但我在日本的玩具店看见一样的货色，只是价钱更便宜。在担子上，在小摊上，都卖着渐吹渐大的橡皮泡，上面打着一个印子道："完全国货"，可见是中国自己制造的了。然而日本孩子玩着的橡皮泡上，也有同样的印子，那却应该是他们自己制造的。

玩具有不同档次，外国货在店里卖，价格有高低。中国制造的橡皮泡，在挑的担子上或小摊上卖。第三段接着写：

大公司则有武器的玩具：指挥刀，机关枪，坦克车……。然而，虽是有钱人家的小孩，拿着玩的也少见。

更高档次的玩具在大公司卖，多是玩具武器，但即使是有钱家庭的孩子也很少玩。文章第四段写道：

我们中国是大人用的玩具多：姨太太，雅片枪，麻雀牌，《毛毛雨》，科学灵乩，金刚法会，还有别的，忙个不了，没有工夫想到孩子身上去了。虽是儿童年，虽是前年身历了战祸，也没有因此给儿童创出一种纪念的小玩意，一切都是照样抄。然则明年不是儿童年了，那情形就可想。

先生尖锐地讽刺了中国大人用的"玩具"——多而低俗，得出"没有工夫想到孩子身上去了"的结论，并且举例说，即使在儿童年，儿童的玩具也没有新意。玩具，也反映出中国社会"长者本位"而非"幼者本位"。中国的玩具是否一无是处呢？文章第五、第六两段以事实证明不是：

> 但是，江北人却是制造玩具的天才。他们用两个长短不同的竹筒，染成红绿，连作一排，筒内藏一个弹簧，旁边有一个把手，摇起来就格格的响。这就是机关枪！也是我所见的惟一的创作。我在租界边上买了一个，和孩子摇着在路上走，文明的西洋人和胜利的日本人看见了，大抵投给我们一个鄙夷或悲悯的苦笑。

看到了中国人创造的玩具，虽粗糙得被外国人看不起，但先生却颇感欣慰：

> 然而我们摇着在路上走，毫不愧恧，因为这是创作。前年以来，很有些人骂着江北人，好像非此不足以自显其高洁，现在沉默了，那高洁也就渺渺然，茫茫然。而江北人却创造了粗笨的机枪玩具，以坚强的自信和质朴的才能与文明的玩具争。他们，我以为是比从外国买了极新式的武器回来的人物，更其值得赞颂的，虽然也许又有人会因此给我一个鄙夷或悲悯的冷笑。

先生对江北人以如此高度评价，已远超出"玩具论"了，他赞赏的是难得的中国人的创造精神。从玩具谈到创造精神，无疑也是期望中国儿童成长为具有"坚强的自信和质朴的才能"的有用之才吧。

先生1935年7月24日致赖少麒的信中，可以看到这样一段谈出版玩具集的话：

> 日本在出玩具集，看起来无甚特别处，有许多且与中国的大同小异。中国如果出起全国的玩具集来，恐怕要出色得多，不过我们自己大约一时未必会有这计划，所以先在日本出版界介绍一点，也是好事情。

这段话也许告诉我们，历史地看，中国玩具曾远在日本之上，只是

近代以来落伍了，只要认真对待，是可以重新振兴的。其实，中国的许
多事情都是如此。

2. 理解"幼稚是会生长，会成熟的"和重视对儿童心理学的研究

在鲁迅看来，理解儿童还要理解他们的"幼稚"。先生谈此问题，大都是针对文艺界对待青年作者作品的错误态度，所运用的比喻。先生1924年在北京师范大学附属中学校友会上，发表了题为《未有天才之前》的演讲。演讲中，他针对文艺界对一些"幼稚"作品"恶意的批评"，指出：

其实即使天才，在生下来的时候的第一声啼哭，也和平常的儿童的一样，决不会就是一首好诗。因为幼稚，当头加以戕贼，也可以萎死的。

幼稚是人生的一个必经阶段，没人例外。因为幼稚而对儿童加以抨击和残害，儿童就无法健康成长，甚至会活不下去。先生进一步论说道：

幼稚对于老成，有如孩子对于老人，决没有什么耻辱；作品也一样，起初幼稚，不算耻辱的。因为倘不遭了戕贼，他就会生长，成熟，老成；独有老衰和腐败，倒是无药可救的事！

这是说，孩提时期的幼稚是没有什么可羞的，因为它会生长并成熟起来。

先生1925年发表的《这个与那个》之四《流产与断种》，针对文艺界对于青年的创作"忽然降下一个'流产'的恶谥"，作了这样的比喻：

孩子初学步的第一步，在成人看来，的确是幼稚，危险，不成样子，或者简直是可笑的。但无论怎样的愚妇人，却总以恳切的希望的心，看他跨出这第一步去，决不会因为他的走法幼稚，怕要阻碍阔人的路线而"逼死"他；也决不至于将他禁在床上，使他躺着研究到能够飞跑时再下

78 地。因为她知道：假如这么办，即使长到一百岁也还是不会走路的。

先生进一步分析道：

坐着而等待平安，等待前进，倘能，那自然是很好的，但可虑的是老死而所等待的却终于不至；不生育，不流产，而等待一个英伟的宁馨儿（按：晋宋时代俗语，"这样的孩子"的意思），那自然也很可喜的，但可虑的是终于什么都没有。

倘以为与其所得的不是出类拔萃的婴儿，不如断种，那就无话可说。但如果我们永远要听见人类的足音，则我以为流产究竟比不生产还有希望，因为这已经明明白白地证明着能够生产的了。

先生的以上论述告诉我们，理解幼稚就是理解人的生长规律，每个人都是从幼稚走向成熟的。

先生也有直接对青年说的关于怎么看待"幼稚"的话。1932 年写在《鲁迅译著书目》后面的文章中，作为对"只想以笔墨问世的青年"的"苦口的忠告"的一部分，这样写道：

初初出阵的时候，幼稚和浅薄都不要紧，然而也须不断的（！）生长起来才好。

这里，先生在提出要理解"幼稚"的同时，又提出了不能停滞于幼稚。幼稚要生长——"必须不断的（！）生长起来才好。"——注意，先生在"不断的"后面特别加了感叹号。

俞芳在她的回忆中，记录了先生的以下这段话：

小孩子总有小孩子的想法和做法的，对他们的幼稚可笑的行动，要多讲道理，简单的指责和呵斥，并不解决问题。①

---

① 李新宇、周海婴主编：《鲁迅大全集》第十卷，长江文艺出版社 2011 年版，第 555 页。

"要多讲道理",这就要求成人在理解儿童的基础上,承担起指导的责任了。

解读鲁迅关于对儿童"一要理解"的思想,还值得关注的,是先生重视儿童心理学的研究。如本书引言所列,先生在 1913 年,就翻译了日本心理学家上野阳一的《儿童之好奇心》。先生 1933 年 3 月 2 日在给许寿裳的信中,专门谈了购买儿童心理学书籍的事:

关于儿童心理学的书,内山书店中甚少,只见两种,似亦非大佳,已嘱其径寄,并代付书价矣。大约此种书出版本不多,又系冷色(按:这里指冷门货),必留意广告而特令寄取,始可耳。

本书第二章谈先生《酒楼上》一文中吕纬甫与阿顺的故事,有对阿顺姑娘调荞麦粉的细致的心理活动描述。本章谈对儿童游戏的理解,其侧重点正是理解儿童心理。儿童心理学是现代新兴起的专门学科,在当时的中国,这方面的专著很少,但已经引起先生关注。

3."理解儿童"仍然是我们面对的一个重大课题

儿童教育要从对孩子的理解开始。关于理解孩子,最著名的当属法国思想家、教育家卢梭的如下论述:"我们对儿童是一点也不理解的","总是把小孩子当大人看待,而不想一想他还没有成人哩。""大自然希望儿童在成人以前就要像儿童的样子。如果我们打乱了这个次序,我们就会造成一些早熟的果实,它们长得既不丰满也不甜美,而且很快就会腐烂:我们将造成一些年纪轻轻的博士和老态龙钟的儿童。儿童是有他特有的看法、想法和感情的;如果想用我们的看法、想法和感情去代替他们的看法、想法和感情,那简直是最愚蠢的事情"[1]。意大利教育家

---

① 〔法〕卢梭著:《爱弥儿·论教育》上卷,李平沤译,商务印书馆 1978 年版,第 2、101 页。

80 　　玛利亚·蒙台梭利在她的《童年的秘密》中指出："成人不了解儿童和青少年，结果他们就处于跟自己不断的冲突之中。"①然而，要真正做到理解并不容易。成人之间的理解不容易，所以上世纪有人喊出"理解万岁！"成人对孩子的理解更不容易，因为有了代际鸿沟。人类历史上，在理解孩子方面，经历了一个曲折过程。美国媒体文化研究者和批评家尼尔·波兹曼在他的代表作之一《童年的消逝》中指出，欧洲的中世纪没有儿童成长发展的概念，16世纪以前没有关于养育儿童的书。自从有了印刷术，童年的概念才逐渐被社会接受，1850年到1950年这100年代表了童年发展的最高峰。但是，随着电视的普及，区别童年和成年之间的界线的历史根基又逐步地被破坏殆尽②。今天重温鲁迅关于对孩子"一要理解"的论述，具有迫切的现实意义。

　　鲁迅"游戏是儿童最正当的行为，玩具是儿童的天使"的观点启示我们，理解儿童，首要的是理解儿童的游戏。德国教育家、"幼儿园之父"福禄培尔认为"游戏是儿童未来生活的胚芽"："游戏给人以欢乐、自由、满足，内部和外部的平静，同周围世界的和平相处。一切善的根源在于它、来自它、产生于它"③。为什么理解孩子爱玩、爱做游戏的天性如此重要？也许孩子认识世界总是从玩和游戏开始的，也许孩子的德智体美劳、孩子的真善美，只有在玩和游戏中才能得到最好的发展。不理解这一点，就会无意或有意地"虐杀"了孩子某一方面的发展。孩子的游戏，应该首选在大自然中进行。几乎所有的教育家都突出地强调

①　［意］玛丽亚·蒙台梭利著：《童年的秘密》，马荣根译，人民教育出版社2005年版，第30页。

②　参阅［美］尼尔·波茨曼著：《童年的消逝》，吴燕莛译，广西师范大学出版社2011年版，第22、26、49、84、99页。

③　单中惠、朱镜人主编：《外国教育经典解读》，上海教育出版社2004年版，第163—164页。

这一点。瑞士教育家裴斯泰洛齐在其代表作《葛笃德如何教育她的子女》中阐述知识的来源时指出:"第一个来源是大自然本身,凭借它的力量,我们的心智由模糊的感觉印象上升到清晰的概念。""我们让儿童在五岁之前充分地享受了自然的熏陶;我们让大自然的每一个印象在他们身上起作用"。①现在,完全否定孩子游戏的人很难找到了,但存在的问题也不可忽视:一是学前就开始的形形色色的"辅导班"、小学生过重的作业,程度不同地挤压了孩子游戏的时间;二是虽然亲子旅游日益普遍,但大多数孩子接触大自然的机会仍然太少;三是儿童游艺场所和玩具市场在迅速发展中,如何提高品质、保障绿色环保安全,应该引起关注。

理解儿童,还要理解孩子的幼稚,主要表现为赞赏孩子的好奇心,鼓励孩子学习。这些年,我读了一些关于儿童教育的书,逐渐领悟到,理解孩子的幼稚、鼓励孩子学习,最好的方式,可能是高度关注孩子的提问。对孩子提出的每一个问题都给以重视,都给予解答。更好的是,当孩子有了一点理解能力后,和孩子共同去寻找问题答案。英国哲学家、教育家洛克指出:"无论儿童提出什么问题,切不可以制止或羞辱,也不可使他受到讥笑。你应按照他的年龄特征与知识容量,回答他的一切问题,解释他所想要明白的事物,使他尽量懂得。""应格外注意,以确信他们从未得到虚妄的、困惑难解的答复。"②

广西师范大学出版社 2014 年出版的《盗火》一书,记载了德国学者威廉·施密特与中国作家毕淑敏有关怎么对待孩子提问的对话。施密

① [瑞士]《裴斯泰洛齐教育论著选》,夏之莲译,人民教育出版社 2001 年版,第82、32 页。
② [英]约翰·洛克著:《教育漫话》,杨汉麟译,人民教育出版社 2006 年版,第116、117 页。

82　　特说："因为我是四个孩子的父亲，所以我有一个请求，无论孩子多小，当他提出类似问题（人活着到底有什么意义）的时候，你一定要严肃对待，并且尽可能认真地给他一个答案。我的孩子也会提出这样的问题，到底什么是死亡，死亡之后是怎么样的，你要跟孩子一起寻找这个问题的答案。很多孩子童年时期经历的创伤就是不允许提问，所以不管他的问题是什么，都要认真对待，并和他一起寻找答案。我的孩子问我'死'了之后会怎么样，我告诉他人死了之后会展开另一段人生，只是我们不知道而已。"

　　毕说："我特别同意施密特先生刚才说的，不要搪塞问题，要认真回答他们。但具体用什么方式来回答，可能是每一个成年人都要认真思考的问题，因为孩子和成人是不一样的，他们的理解能力、所处的情景都是不一样的。我个人觉得，首先要肯定他的问题，我们中国人教育孩子有一个很大的毛病，总爱说这些问题你现在不要想，等你长大了你就明白了。这就给他划了一些思维的禁区，对于他广阔、自由的想象力以及他求知、追索的习惯都产生了不良的影响。我觉得应该鼓励他提问，不要因为自己不能回答，为了掩饰反而掐断了他的好奇心和求知欲。具体的分寸需要父母自己拿捏，但是这个原则我希望大家能够记住。"

　　北京大学教授周其仁 2017 年 1 月在深圳创新发展研究院的演讲，论述培养儿童的创新精神时，介绍了以色列的做法："犹太人孩子五岁就要学《旧约》（按：指《圣经》的《旧约》）和《塔木德》（按：犹太教口传法律的汇编，仅次于《圣经》的经典），但他们不是靠背诵圣贤之言就了事，他们鼓励孩子提问题，鼓励相互讨论、辩驳，鼓励打问号。犹太母亲看孩子放学回家，不会问'考得好不好'，但会问：今天在学校你问了问题吗？你问了一个好问题了吗？这是他们生产力的源泉。"

理解孩子的基础是了解孩子的心理。文艺复兴后，西方的现代儿童
心理学得到了长足发展，美国乔治亚大学教授 David R.Shaff 著《发展
心理学》，2009 年已更新到第八版。而很长一段时期内，心理学在我国
则处于受批判、遭排斥的境地。改革开放后，中外各种版本的儿童心理
学专著才得以大量出版。北京师范大学教授边玉芳著《读懂孩子——心
理学家实用教子宝典》按孩子年龄分三册（0～6 岁、6～12 岁、12～18
岁）出版。为人父母者和幼教、小教老师，以及所有带孩子者，都很有
必要读一点儿童心理学。

三、"承担起指导孩子超越了自己的责任"

鲁迅认为，对于儿童，在理解的基础上，便是指导。孩子的好坏，
与父母的指导有着极大关系。如前所述，先生在《狂人日记》中就指
出，小孩子"教我怕，教我纳罕而且伤心"的表现，"是他们娘老子教
的"。从反面作分析，目的是启发人们从正面做工作。指导孩子，涉及
指导的方向和方法两个基本方面。

1. "小的时候，不把他当人，大了以后，也做不了人"

指导孩子首先有一个方向问题，对此，鲁迅的观点是，要把孩子培
养成为一个真正的人。他在《这个与那个》之一《读经与读史》中
指出：

试到中央公园去，大概总可以遇见祖母带着她孙女儿在玩的。这位
祖母的模样，就预示着那娃儿的将来。所以倘有谁要预知令夫人后日的
风姿，也只要看丈母。不同是当然要有些不同的，但总归相去不远。

　　　　这一段的意思简单明了：什么样的成人培养什么样的孩子。先生在1934 年发表的《漫骂》中，进一步指出：

　　说儿童为了一点食物就会打起来，是冤枉儿童的，其实是漫骂。儿童的行为，出于天性，也因环境而改变，所以孔融会让梨。打起来的，是家庭的影响，便是成人，不也有争家私，争遗产的吗？孩子学了样了。

　　在先生看来，中国人在指导儿童方面存在严重问题。在《随感录二十五》中，他集中批评了中国的父母在指导孩子方面所存在的不负责任现象：

　　中国的孩子，只要生，不管他好不好，只要多，不管他才不才。生他的人，不负教他的责任。虽然"人口众多"这一句话，很可以闭了眼睛自负，然而这许多人口，便只在尘土中辗转，小的时候，不把他当人，大了以后，也做不了人。

　　在先生看来，父母在指导孩子方面不负责任的本质问题是不把孩子当人，这样，孩子长大后也就做不了人——"只在尘土中辗转"。先生进一步分析道：

　　中国娶妻早是福气，儿子多也是福气。所有小孩，只是他父母福气的材料，并非将来的"人"的萌芽，所以随便辗转，没人管他，因为无论如何，数目和材料的资格，总还存在。即使偶尔送进学堂，然而社会和家庭的习惯，尊长和伴侣的脾气，却多与教育反背，仍然使他与新时代不合。大了以后，幸而生存，也不过"仍旧贯如之何"，照例是制造孩子的家伙，不是"人"的父亲，他生了孩子，便仍然不是"人"的萌芽。

　　以上两段论述中，先生反复强调了"人"的概念，包括"将来的'人'的萌芽"和"'人'的父亲"的概念。文章接着说：

最看不起女人的奥国人华宁该尔（Otto Weininger）（按：奥地利 85
人，仇视女性主义者）曾把女人分成两大类：一是"母妇"，一是"娼
妇"。照这分法，男人便也可以分作"父男"和"嫖男"两类了。但这
父男一类，却又可以分为两种：其一是孩子之父，其一是"人"之父。
第一种只会生，不会教，还带点嫖男的气息。第二种是生了孩子，还要
想怎样教育，才能使这生下来的孩子，将来成一个完全的人。

这里可以看到，先生反复讲的"人"，是指"完全的人"。使孩子
"将来成一个完全的人"，是对"'人'之父"提出的教育孩子的目标。
何谓"完全的人"？联系先生在之后不久写的《我们现在怎样做父亲》
中所说："须教这新生命去发展"，使子女比自己更强，更健康，更聪明
高尚，更幸福，"超越了自己，超越了过去"。这就是先生心目中"完全
的人"吧。

在《随感录二十五》中，先生对一位不识时务的老先生进行了批评
和讽刺：

前清末年，某省初开师范学堂的时候，有一位老先生听了，很为诧
异，便发愤说："师何以还须受教，如此看来，还该有父范学堂了！"这
位老先生，便以为父的资格，只要能生。能生这件事，自然便会，何须
受教呢。却不知中国现在，正须父范学堂；这位先生便须编入初等第一
年级。

先生的期望是：

因为我们中国所多的是孩子之父；所以以后是只要"人"之父！

这里说"中国现在正须父范学堂"，虽然是以讽刺口吻提出的，但
冷静想来，教育机构确实需要专门开设"我们今天怎样做父母"的课
程，并且应成为所有父母和准备做父母者的必修课。当然，这主要是社
会应该承担的重大责任。"人"之父不是自然而然产生的，是靠教育造

86　　就的。

2.“对一切事无不驯良决不是美德，也许简直倒是没出息”

在鲁迅看来，要把孩子培养成“完全的人”，必须看到传统的儿童教育存在的一个突出问题。他在 1934 年发表的《从孩子的照相说起》中，借照相之名，谈了应当引导儿童成为什么样的人。文章是从当时近五岁的海婴谈起的：

他（按：指海婴）健康，活泼，顽皮，毫没有被压迫得瘟头瘟脑。

但海婴的健康和活泼，有时却使他吃亏，“九·一八”事件后，他被同胞误认为是日本孩子，骂了好几回，还挨过一次打——虽然并不重。怎么会的呢？先生分析说：

中国和日本的小孩子，穿的如果都是洋服，普通实在是很难分辨的。但我们这里的有些人，却有一种错误的速断法：温文尔雅，不大言笑，不大动弹的，是中国孩子；健壮活泼，不怕生人，大叫大跳的，是日本孩子。

下面就说到了照相：

然而奇怪，我曾在日本的照相馆里给他照过一张相，满脸顽皮，也真像日本孩子；后来又在中国的照相馆里照了一张相，相类的衣服，然而面貌很拘谨，驯良，是一个地道的中国孩子了。

怎么会的呢？问题出在照相师。

照住了驯良和拘谨的一刹那的，是中国孩子相；照住了活泼或顽皮的一刹那的，就好像日本孩子相。

照相师不同的审美观，体现的是他们心目中“好孩子”的不同衡量标准。关于照相本身就说了这两段，接下来的内容，就是先生借题发挥了：

驯良之类并不是恶德。但发展开去,对一切事无不驯良,却决不是美德,也许简直倒是没出息。

中国却存在"对一切事无不驯良"的趋势,鼓励孩子只在驯良之类——"静"的一方面发展:

低眉顺眼,唯唯诺诺,才算一个好孩子,名之曰"有趣"。活泼,健康,顽强,挺胸仰面……凡是属于"动"的,那就未免有人摇头了,甚至于称之为"洋气"。

先生进一步分析道:

其实,由我看来,所谓"洋气"之中,有不少是优点,也是中国人性质中所本有的,但因了历朝的压抑,已经萎缩了下去,现在就连自己也莫名其妙,统统送给洋人了。这是必须拿它回来——恢复过来的——自然还得加一番慎重的选择。

应该把孩子培养成什么样的人?先生旗帜鲜明,反对把中国传统的主张"静"、赞赏"驯良之类"引向极端。请注意,先生并不反对"静"和"驯良",只是反对走极端。把"静"引向极端,会压抑孩子的活力;把"驯良"引向极端,则会与"主奴文化"合流。先生提出应该向"洋人"的主张"动"学习——哪怕这个"洋人"国是我们的敌人,他们的优点也值得我们学习。而且"洋气"中的不少优点,也是中国人原本有的,只是在长期的封建专制压抑下萎缩了,"莫名其妙统统送给洋人了"。这就应采取拿来主义"拿它回来","加一番慎重的选择","恢复过来"。目标很明确:把孩子培养成健康、活泼的人。

3."任其跋扈,一点也不管"和"终日给以冷遇或呵斥,甚而至于打扑",都是错误的

要把孩子培养成真正的人,还有一个与态度密切相关的方法问题。

88　　鲁迅在《上海的儿童》中，对中国中流家庭的儿童教育状况，作了如下批评：

中国中流的家庭，教孩子大抵只有两种法。其一，是任其跋扈，一点也不管，骂人固可，打人亦无不可，在门内或门前是暴主，是霸王，但到外面，便如失了网的蜘蛛一般，立刻毫无能力。其二，是终日给以冷遇或呵斥，甚而至于打扑，使他畏葸退缩，仿佛一个奴才，一个傀儡，然而父母却美其名曰"听话"，自以为是教育的成功，待到放他到外面来，则如暂出樊笼的小禽，他决不会飞鸣，也不会跳跃。

"任其跋扈，一点也不管"，不管就是放任，就是没有教育，没有指导，也就是先生早就批评过的"生他的人，不负教他的责任"。其结果是，孩子在家里称王称霸，到了外面却变得非常孱弱。为什么中流家庭会发生这种情况呢？也许是父母忙于赚钱养活全家，没有多少精力可以用来教育孩子，又请不起保姆（更不用说家庭教师）帮助带孩子。也许是父母辛辛苦苦、好不容易才获得了中流家庭的地位，把自己享受生活放在了第一位。

"终日给以冷遇或呵斥，甚而至于打扑"，那是"语言"或"行为"的暴力式教育，其结果是，家里表面上的"听话"掩盖不了实质上的奴才和傀儡式的"畏葸退缩"，一到外面便现原形。为什么中流家庭可能发生这种情况呢？也许是父母望子成龙、望女成凤，受了世世代代流传下来的落后观念影响，错误理解"严是爱、松是害"，认为"棒打出孝子""不打不成材"。也许父母认为打骂是最简单、最省力、最见效的儿童教育方法。

那么，指导儿童正确的方法应该是什么样的呢？如前所述，在强调父母乃至所有成人要以爱和负责的态度来指导孩子的前提下，鲁迅提出了指导孩子的两条原则，一是"决不能用同一模型，无理嵌定"。二是

"长者须是指导者协商者，却不该是命令者"。这两条原则，就是指导孩子的基本方法。在先生看来，每一个孩子都有自己的个性，用"同一模型"去"嵌定"是没有道理的。孩子一开始总是年幼无知的，所以长者负有指导孩子的责任。但每一个孩子都是独立的个体，所以长者应该以平等的态度对待孩子，遇事多与孩子商量，而不是命令。从方法的角度看，指导的、协商的方法比命令的方法好得多。

4. 我们今天怎么承担起指导孩子的责任?

对于父母来说，只是喜欢子女"超越了自己，超越了过去"是远远不够的，在理解的基础上，要承担起指导孩子的责任。美国哲学家、教育家杜威提出"教育即指导"，他指出："'指导'是一个比较中性的词，表明把被指引的人的主动趋势引导到某一连续的道路，而不是无目的地分散注意力。指导表达一种基本的功能，这一功能的一个极端变为方向性的帮助，另一个极端变为调节或支配。但是无论如何，我们必须慎防有时加进'控制'的意义。"①

指导，不仅要有意识，还得有能力，包括知识和方法。现在，对孩子"一点也不管"的父母已经不太有了，但是"管得不够"——教育不够的情况，还程度不同、相当普遍地存在。暴力式的教育极少见了，但尚未绝迹。媒体披露的以压服甚至用暴力对待孩子的"虎妈""狼爸"还有一点市场，说明一种错误的东西要改掉，是多么难。

关于指导孩子的方法，鲁迅 1908 年发表的《破恶声论》，提出"发国人之内曜"的观点，给人以深刻启迪。先生指出：

———————————

① ［美］杜威著：《民主主义与教育》，王承绪译，人民教育出版社 2001 年版，第30 页。

90

内曜者，破癫暗者也；心声者，离伪诈者也。人群有是，乃如雷霆发于孟春，而百卉为之萌动，曙色东作，深夜逝矣。

先生认为，心灵的光辉，可以打破黑暗沉寂；内心的呼声，能够排除虚伪奸诈。人群中有了这种声音和光辉，就像春雷一响，百草萌动，东方透出曙光，黑暗的长夜就消逝了。

烛幽暗以天光，发国人之内曜，人各有己，不随风波，而中国亦以立。

先生充满激情地指出：以光明照亮黑暗，焕发每个中国人内心的光辉，人们都自我觉醒，不去随波逐流，这样中国就可以真正站起来了。

孩子一接触社会，就开始受社会的影响，首先是家庭的影响。家庭和社会的影响总是存在正负两面，无非是正面多一点还是负面多一点。原苏联教育家苏霍姆林斯基在他的《怎样培养真正的人》中指出："一个人在你看来不管多么不可救药，你也要善于在他身上看到善良点、光荣点。什么叫尊重人？尊重人就是相信人身上有着善良的因素。"[①]如果我们对孩子点点滴滴真善美的表现都给予肯定、赞美，不断强化它，就很可能收到奇效。

"发国人之内曜"对于儿童，不仅是家庭教育的好方法，同样是学校教育、社会教育的好方法。

四、"肩住了黑暗的闸门，解放孩子"

鲁迅提出儿童教育"一要理解，二要指导，三要解放"，理解和指

① ［苏］苏霍姆林斯基著：《怎样培养真正的人》，蔡汀译，教育科学出版社 1992 年版，第 187 页。

导的目的是解放，使孩子成为一个独立的人格健全的人。五四运动前　　91
后，先生多次论述了解放孩子的问题。他 1919 年发表的《随感录四
十》，是一篇关于爱情的杂文。文章的结尾是这样写的：

我们还要叫出没有爱的悲哀，叫出无所可爱的悲哀。……我们要叫
到旧账勾消的时候。

旧账如何勾消？我说，"完全解放了我们的孩子！"

先生把中国的希望寄托在孩子身上，而这种希望以"完全解放"孩
子为条件。

1. 解析四种对于解放孩子的担心

先生在《我们现在怎样做父亲》中，集中详细论述了关于解放孩子
的问题。文中写道：

对于家庭问题，我在《新青年》的《随感录》（二五，四十，四九）
中，曾经略略说及，总括大意，便只是从我们起，解放了后来的人。论
到解放子女，本是极平常的事，当然不必有什么讨论。但中国的老年，
中了旧习惯旧思想的毒太深了，决定悟不过来。

怎么办呢？先生说：

没有法，便只能从先觉醒的人开手，各自解放了自己的孩子。自己
背着因袭的重担，肩住了黑暗的闸门，放他们到宽阔光明的地方去；此
后幸福的度日，合理的做人。

以上两段是非常经典的论述。首先，先生对自己发表在《新青年》
上的《随感录》（二五，四十，四九）的大意，总括为"从我们起，解
放了后来的人"。用现在的话来说，体现的是一种从自己做起的历史担
当精神。在中国，解放子女很难，不可能大家都做到，只能从先觉醒的
人自己做起，"各自解放了自己的孩子"。第二，先觉醒的人解放孩子，

要顶住压力，排除阻力，以甘为人梯的牺牲精神，为孩子开辟健康成长的路。第三，解放孩子的目标是："此后幸福的度日，合理的做人。"这既是说孩子，也是说所有人。是先生的理想、先生的中国梦。

先生指出了人们存在的四种对于解放孩子的担心，并逐一进行了分析。第一种担心是：

但有人会怕，仿佛父母从此以后，一无所有，无聊之极了。

对此，先生分析道：

这种空虚的恐怖和无聊的感想，也即从谬误的旧思想发生；倘明白了生物学的真理，自然便会消灭。但要做解放子女的父母，也应预备一种能力。便是自己虽然已经带着过去的色采，却不失独立的本领和精神，有广博的趣味，高尚的娱乐。要幸福么？连你的将来的生命都幸福了。要"返老还童"，要"老复丁"么？子女便是"复丁"，都已独立而且更好了。这才是完了长者的任务，得了人生的安慰。倘若思想本领，样样照旧，专以"勃谿"（按：指婆媳争吵）为业，行辈自豪，那便自然免不了空虚无聊的苦痛。

先生在这里提出了一个重要问题，那就是"能力"问题。不是说解放子女只要你想解放就能解放的，"要做解放子女的父母，也应预备一种能力"，什么能力呢？先生提出两点，即"广博的趣味，高尚的娱乐"。请注意，这里没有一般地讲趣味，而是要求趣味"广博"；没有一般地讲娱乐，而是要求娱乐"高尚"。先生虽然劝说人们克服一旦解放了子女后便"一无所有，无聊之极了"，但同时如实地告诉人们，"倘若思想本领，样样照旧"，"那便自然免不了空虚无聊的苦痛。"

先生指出的第二种对于解放孩子的担心是：

或者又怕，解放之后，父子间要疏隔了。

对此，先生分析道：

欧美的家庭，专制不及中国，早已大家知道；往者虽有人比之禽 93
兽，现在却连"卫道"的圣徒，也曾替他们辩护，说并无"逆子叛弟"
了。因此可知：惟其解放，所以相亲；惟其没有"拘孪"子弟的父兄，
所以也没有反抗"拘孪"的"逆子叛弟"。

先生用中国历史上的一些做法来证明：

若威逼利诱，便无论如何，决不能有"万年有道之长"。

先生指出的第三种对于解放孩子的担心是：

或者又怕，解放之后，长者要吃苦了。

对此，先生分析道：

这事可分两层：第一，中国的社会，虽说"道德好"，实际却太缺
乏相爱相助的心思。便是"孝""烈"这类道德，也都是旁人毫不负责，
一味收拾幼者弱者的方法。在这样社会中，不独老者难于生活，即解放
的幼者，也难于生活。第二，中国的男女，大抵未老先衰，甚至不到二
十岁，早已老态可掬，待到真实衰老，便更须别人扶持。所以我说，解
放子女的父母，应该先有一番预备；而对于如此社会，尤应该改造，使
他能适应于合理的生活。许多人预备着，改造着，久而久之，自然可望
实现了。单就别国而言，斯宾塞（按：英国哲学家）未曾结婚，不闻他
侘傺无聊；瓦特（按：英国科学发明家）早没有了子女，也居然"寿终
正寝"，何况在将来，更何况有儿女的人呢？

这里，先生重复指出："解放子女的父母，应该先有一番预备"，并
进一步指出，"对于如此社会，犹应该改造"。在先生看来，人们怕解放
了子女，长者要吃苦，并非毫无道理。为了避免这种情况发生，父母应
当"预备着"，社会应当"改造着"。

先生指出的第四种对于解放孩子的担心是：

或者又怕，解放之后，子女要吃苦了。

对此，先生分析道：

这事也有两层，全如上文所说，不过一是因为老而无能，一是因为少不更事罢了。因此觉醒的人，愈觉有改造社会的任务。中国相传的成法，谬误很多：一种是锢闭，以为可以与社会隔离，不受影响。一种是教给他恶本领，以为如此才能在社会中生活。用这类方法的长者，虽然也含有继续生命的好意，但比照事理，却决定谬误。此外还有一种，是传授些周旋方法，教他们顺应社会。这与数年前讲"实用主义"的人，因为市上有假洋钱，便要在学校里遍教学生看洋钱的法子之类，同一错误。社会虽然不能不偶然顺应，但决不是正当办法。因为社会不良，恶现象便多，势不能一一顺应；倘都顺应了，又违反了合理的生活，倒走了进化的路。所以根本方法，只有改良社会。

这里，先生展开论述了父母如何指导子女对待社会上的不良现象、乃至恶现象的问题。先生指出，锢闭孩子、使其与社会隔离的办法，教给孩子恶本领的办法，传授些周旋方法教孩子顺应社会的办法，都是错误的。先生认为，"根本方法，只有改良社会"。本书第四章将专门论述与儿童教育相关的社会改良问题。文章的结尾，先生作了总结：

总而言之，觉醒的父母，完全应该是义务的，利他的，牺牲的，很不易做；而在中国尤不易做。中国觉醒的人，为想随顺长者解放幼者，便须一面清结旧账，一面开辟新路。

如前所述，先生对觉醒的父母所提出的要求是很高的，因为要求高，所以很不易做，而在中国，因为历史痼疾难除，就更不易做，必须一面批判，一面建设。在重复了"自己背着因袭的重担……"那段话后，先生说：

这是一件极伟大的要紧的事，也是一件极困苦艰难的事。

但世间又有一类长者，不但不肯解放子女，并且不准子女解放他们的子女；就是并要孙子曾孙都做无谓的牺牲。这也是一个问题；而我是愿意平和的人，所以对于这问题，现在不能解答。

这前一段话，是再三强调解放孩子的重要和艰难。后一段话，则是对解放孩子为什么"是一件极困苦艰难的事"的原因分析。怎么办呢？先生在这里没有直接回答，因为他说自己"是愿意平和的人"——不言自明的是，真正要解放孩子，是要改造社会的，但先生仍然希望首先能运用家庭教育这种相对容易的"平和的方法"。

2. 解放孩子之难和"非战斗的平和的方法"之可贵

鲁迅1919年发表的《自言自语》之三《古城》，讲述了这样一个悲凉的故事：

你以为那边是一片平地么？不是的。其实是一座沙山，沙山里面是一座古城。这古城里，一直从前住着三个人。

古城不很大，却很高。只有一个门，门是一个闸。

青铅色的浓雾，卷着黄沙，波涛一般的走。

少年说，"沙来了。活不成了。孩子快逃罢。"

老头子说，"胡说，没有的事。"

这样的过了三年十二个月另八天。

少年说，"沙积高了，活不成了。孩子快逃罢。"

老头子说，"胡说，没有的事。"

少年想开闸，可是重了。因为上面积了许多沙了。

少年拼了死命，终于举起闸，用手脚都支着，但总不到二尺高。

少年挤那孩子出去说，"快走罢！"

老头子拖那孩子回来说，"没有的事！"

青铅色的浓雾，卷着黄沙，波涛一般的走。

以后的事，我可不知道了。

你要知道，可以掘开沙山，看看古城。闸门下许有一个死尸。闸门里是两个还是一个？

《古城》中有三个人，一个是少年——从故事展开的情节看，少年是指年轻人，一个是老头子，一个是孩子。当波涛般汹涌的黄沙卷来，威胁生命的时候，少年提出"孩子快逃罢"的正确意见，却被视而不见的老头子否定了。四年多后，沙积高了，更加严重地威胁生命时，少年再次提出"孩子快逃罢"的正确意见，再次被视而不见的老头子否定了。少年在危急关头不再听老头子的了，"拼了死命举起闸"，把孩子挤出即将被黄沙埋掉的古城，孩子却被仍然视而不见的老头子拖回来，葬身沙海。少年举闸、开闸的行为，无疑是鲁迅那段"自己背着因袭的重担，肩住了黑暗的闸门，放他们到宽阔光明的地方去"名言的形象展示。

先生在《娜拉走后怎样》的演讲中，对四年前在《我们现在怎样做父亲》中所说"从先觉醒的人开手，各自解放了自己的孩子"，作了进一步论述：

战斗不算好事情，我们也不能责成人人都是战士，那么，平和的方法也就可贵了，这就是将来用了亲权来解放自己的子女。中国的亲权是无上的，那时候，就可以将财产平匀地分配子女们，使他们平和而没有冲突地都得到相等的经济权，此后或者去读书，或者去生发，或者为自己去享用，或者为社会去做事，或者去花完，都请便，自己负责任。这虽然也是颇远的梦，可是比黄金世界的梦近得不少了。

先生在许多人心目中的形象是"斗士"，却不知他的"战斗"是黑暗的旧社会逼出来的。先生认为非战斗的平和的方法是可贵的，在儿童教育方面，"用了亲权来解放自己的子女"，就是可贵的平和方法。这种

方法虽然要做到也不容易，但毕竟是可能实现的梦想。孩子成长的社会 97
环境如何，个人是很难左右的。但只要自己努力，在家庭教育方面总还
是可以有所作为的，营造一个子女健康成长的小环境，在一定程度上还
是可能做到的。

3. "各自解放了自己的孩子"

鲁迅为什么在提出"理解孩子、指导孩子"的同时，要提出"解放
孩子"？因为孩子终究是一个独立的个体。当孩子尚小，无法独立地在
自然界、人世间生存时，需要父母和社会的理解、指导，而理解和指导
的目的，则是为了使孩子独立。孩子的独立，有了理解和指导还不够，
还要解放。只有解放，让孩子亲身在复杂的实践中取得正反两方面的直
接经验，才能使他（她）成熟起来，真正独立。理解、指导和解放，固
然有其递进关系，但并不截然分割。理解、指导中就应该渗透着解放。
随着孩子年龄的增长，应该加大解放的程度。到了一定时候，就应该基
本放手。再到了一定时候，就应该完全放手了。至于这两个"一定时
候"具体怎么把握，因人而异，与孩子有关，更与父母有关。在孩子成
长过程中，父母把握得好一点，放手就会早一点。父母不能把孩子当成
私人财产加以控制和任意处置。

解放孩子，关键问题是：孩子究竟受什么东西束缚，需要解放出来
呢？联系鲁迅在《狂人日记》中所阐述的中心思想，是要把孩子从被
"吃"的状态——受愚昧、僵化、落后文化的毒害中解放出来。先生在
提出"首在立人"时指出："若其道术，乃必尊个性而张精神。""个性
张，沙聚之邦，由是转为人国。人国既建，乃使雄厉无前，屹然独见于
天下，更何有于肤浅凡庸之事物哉？"在先生看来，中国传统文化的主
要弊端之一是抹煞人的个性，从而导致国家缺乏生机和活力，成为一盘

98　　散沙。只有尊重个性，才能真正弘扬可贵的民族精神，实现中华民族伟大复兴。而这必须从解放孩子做起。

　　人民教育家陶行知认为，解放孩子，主要是解放他们的创造力。他提出了五个方面的解放：一是"解放小孩子的头脑"。"把儿童的头脑从迷信、成见、曲解、幻想中解放出来"。二是"解放小孩子的双手"。"中国对于小孩子一直是不许动手，动手要打手心，往往因此摧残了儿童的创造力。"三是"解放小孩子的嘴"。"小孩子有问题要准许他们问。""中国一般习惯是不许多说话，小孩子得到言论自由，特别是问的自由，才能充分发挥他的创造力。"四是"解放小孩子的空间"。"让他们去接触大自然、大社会"。五是"解放儿童的时间"。"一般学校把儿童全部时间占据，使儿童失去学习人生的机会，养成无意创造的倾向"。他提出，为了解放创造力必须"培养创造力"，"把小孩子的头脑、双手、嘴、空间、时间都解放出来，我们就要对小孩子的创造力予以适当之培养"。他还提出了培养孩子创造力的具体方法①。在新工业革命已经大步向我们走来的改革开放新时代，重温以上解放孩子的论述，多么重要！

　　在"只生一个好"的生育政策下，中国的父母和祖父母、外祖父母，普遍存在着对孩子宠爱有加、包揽过度的问题，造成许多孩子到了法定的公民年龄，还严重缺乏自立能力。此风在推行"二孩政策"的现在仍然延续着，理应着力改变。

　　解放孩子，决非走向另一个极端——放弃做父母的责任。相反，为着解放孩子，父母更要为孩子的健康成长创造条件。这方面，父母对于孩子有"亲权"，有着任何人无法替代的作用。解放孩子，远比控制孩

---

① 方明编：《陶行知名篇精选》，教育科学出版社 2006 年版，第 204—208 页。

子的要求高，父母要有高尚的境界和高超的能力。为此，父母要不断学习。我在企业、社会上谈读书和锻炼身体的意义时总是说，为了孩子你也应该好好读书、好好锻炼身体；这不仅是为了孩子，利于孩子成长，也有利于自己不断完善。

鲁迅在帮助人们克服怕解放了孩子自己会空虚和无聊时指出："倘若思想本领，样样照旧"，"那便自然免不了空虚无聊的苦痛"，颇有道理。我深切感受到，培育孩子是世界上最高深的学问，你不好好学习相关的知识和本领，就很难与孩子沟通，很难避免"空虚无聊的苦痛"。

鲁迅讲解放孩子，当然不是只讲父母对于子女，推而广之，是面向天下所有孩子的。解放孩子是对孩子负责、对社会负责。先生认为，大人们应该主动承担改变社会黑暗现象的责任，使孩子们生活在光明的世间。这是一种可贵的牺牲精神，体现了一种崇高的人生境界。

第四章 | Chapter 4

"根本方法只有改良社会"

　　父母与孩子关系之密切，其他人很难超过，所以，说有什么样的父母就有什么样的孩子，是有道理的，但这并不是绝对的。有什么样的孩子，还取决于社会。一方面，父母是由社会造就的；另一方面，孩子除了受父母影响外，还受社会影响。在这个意义上，儿童问题从根本上来说是社会问题，什么样的社会造就什么样的孩子。为此，

鲁迅提出了一个重要观点："所以根本方法，只有改良社会。"　　　　101

一、"觉醒的人，愈觉有改造社会的任务"

如前所述，先生在《狂人日记》中，分析儿童身上存在像成人一样的国民性弊端的原因时指出："我明白了。这是他们娘老子教的！"当"娘老子"们比较普遍地存在某种弊端时，就不是个体问题，而是社会问题了。

1. "孩子后来的坏，那是环境教坏的"

在先生的小说《孤独者》中，与儿童教育相关的，有小说主人公魏连殳和同为小说主人公的"我"之间的如下两段对话，一段是：

"孩子总是好的。他们全是天真……。"他（按：指魏连殳）似乎也觉得我有些不耐烦了，有一天特地乘机对我说。

"那也不尽然。"我只是随便回答他。

"不。大人的坏脾气，在孩子们是没有的。后来的坏，如你平日所攻击的坏，那是环境教坏的。原来却并不坏，天真……。我以为中国的可以希望，只在这一点。"

还有一段是：

（魏连殳说）"想起来真觉得有些奇怪。我到你这里来时，街上看见一个很小的小孩，拿了一片芦叶指着我道：杀！他还不很能走路……。"

（"我"说）"这是环境教坏的。"

我即刻很后悔我的话。

在这两段对话中，魏连殳对孩子的看法是明确的、一贯的，认为孩

102　子天生不坏，后来的坏是环境造成的。而"我"的看法则是矛盾的。先是对魏提出的"孩子总是好的"表示质疑，后来自己也提出了类似看法——孩子的缺点"是环境教坏的"，但提出后却又感到很后悔。"我"的矛盾，也许是想说，"社会环境教坏了孩子"这个观点具有相对性。照我理解，相对性表现在：社会环境相当复杂，即使假恶丑盛行，严重影响儿童成长，真善美也没有完全泯灭。否则，改良社会还有什么希望呢？提出一个观点，又对它表示质疑，这是先生思想的复杂性和思维方式的深刻之处。用哲学语言说，这是辩证法，不走极端。

　　当时中国的社会环境对于儿童成长的负面影响，先生在他的作品中，从不同角度作了具体揭露。1926 年发表的《杂论管闲事·做学问·灰色等》，有这样一段：

　　在幼小时候曾有一个老于世故的长辈告诫过我：你不要和没有出息的担子或摊子为难，他会自己摔了，却诬赖你，说不清，也赔不完。

　　一个人幼时听长辈讲的话，往往终生难忘：

　　这话于我似乎到现在还有影响，我新年去逛火神庙的庙会时，总不敢挤近玉器摊去，即使它不过摆着寥寥的几件。怕的是一不小心，将它碰倒了，或者摔碎了一两件，就要变成宝贝，一辈子赔不完，那罪孽之重，会在毁坏一坐博物馆之上。

　　这种现象，用现在的话来说称"碰瓷"，想不到那么早就存在了。不仅如此：

　　而且推而广之，连热闹场中也不大去了，那一回的示威运动时，虽有"打落门牙"的"流言"，其实却躺在家里，托福无恙。

　　这是讲社会上存在的诬赖现象对孩子的影响。

　　先生 1936 年发表的《我要骗人》一文，讲了自己到电影院看电影前，遇到一个小学生女孩子募集水灾捐款：

我刚要跨进大门，被一个十二三岁的女孩子捉住了。是小学生，在募集水灾的捐款，因为冷，连鼻子尖也冻得通红。我说没有零钱，她就用眼睛表示了非常的失望。

"我"见不得她失望：

我觉得对不起人，就带她进了电影院，买过门票之后，付给她一块钱。她这回是非常高兴了，称赞我道，"你是好人"，还写给我一张收条。只要拿着这收条，就无论到那里，都没有再出捐款的必要。于是我，就是所谓"好人"，也轻松的走进里面了。

看完电影，在回家的路上，"我"却仍然难以平静：

女孩子的满足的表情的相貌，又在眼前出现，自己觉得做了好事情了，但心情又立刻不舒服起来，好像嚼了肥皂或者什么一样。

为什么呢？因为"我"想起了与水灾相关的一些事：

诚然，两三年前，是有过非常的水灾的，这大水和日本的不同，几个月或半年都不退。但我又知道，中国有着叫作"水利局"的机关，每年从人民收着税钱，在办事。但反而出了这样的大水了。我又知道，有一个团体演了戏来筹钱，因为后来只有二十几元，衙门就发怒不肯要。连被水灾所害的难民成群的跑到安全之处来，说是有害治安，就用机关枪去扫射的话也都听到过。恐怕早就统统死掉了罢。

先生揭露了当时救灾中发生的政府治水不力、却对筹款救灾的社会团体不满，甚至残害灾民的行为。

然而孩子们不知道，还在拼命的替死人募集生活费，募不到，就失望，募到手，就喜欢。而其实，一块来钱，是连给水利局的老爷买一天的烟卷也不够的。

孩子们受骗了，他们纯真的善心与官员的腐败形成强烈反差。

我明明知道着，却好像也相信款子真会到灾民的手里似的，付了一

103

块钱。实则不过买了这天真烂漫的孩子的喜欢罢了。我不爱看人们的失望的样子。

知道实情，却仍然捐赠，因为爱孩子，不想让他们失望。如果做善举的孩子们了解了先生所揭露的那些黑暗现象后，对他们会产生什么影响呢？

因为"孩子后来的坏，那是环境教坏的"，所以必须改良社会。先生的《我们现在怎样做父亲》，在侧重于批判"父权为本""长者为本"，倡导"幼者为本"，从父母角度阐述儿童观的同时，反复强调了儿童成长与社会进步的关系。他指出在当时的社会中，"不独老者难于生活，即解放的幼者，也难于生活。"他一方面提出有解放子女意识的父母，应该提升自己的能力，一方面则提出，"而对于如此社会，犹应该改造"，"觉醒的人，愈觉有改造社会的任务。"先生带有结论性的观点是：

因为社会不良，恶现象便很多，势不能一一顺应；倘都顺应了，又违反了合理的生活，倒走了进化的路。所以根本方法，只有改良社会。

"根本方法，只有改良社会"，是先生对中国儿童事业发展所提出的带有根本性的建议。怎么改良？先生主张与黑暗现象作坚决斗争、主张改革，他1918年发表的《随感录三十八》说：

倘使不改现状，反能兴旺，能得真实自由的幸福生活，那就是做野蛮也很好。——但可有人敢答应说"是"么？

先生在1925年写的《两地书四》中说：

除了再想法子来改革之外，也再没有别的路。

值得注意的是，先生的改革观有其独到之处，一是认为改革最重要的是改革国民性，二是认为改革国民性每个人要从自己做起。他在《两地书八》中说：

此后最要紧的是改革国民性，否则，无论是专制，是共和，是什么 105
什么，招牌虽换，货色照旧，全不行的。

先生1919年发表的《随感录六十二 恨恨而死》中说：

中国现在的人心中，不平和愤恨的分子太多了。不平还是改造的引
线，但必须先改造了自己，再改造社会，改造世界；万不可单是不平。
至于愤恨，却几乎全无用处。

在先生看来，改良社会人人有责，每个人都要从改善自己入手，而
不能把自己当成局外人。这是一个极为重要的观点。

2. 从人性的基本特征看社会对儿童成长的决定性作用

谈儿童成长，总会涉及对人性基本特征的看法。中国自古以来，就
有孟子的"性善论"和荀子的"性恶论"之争。孟子曰："人性之善也，
犹水之就下也。人无有不善，水无有不下。"[①]荀子则曰："人之性恶，
其善者伪也。"[②]（按：伪，人为。）孟子和荀子各从一个侧面自圆其说。
可能更准确的，还是告子的"人性本无善恶"的观点。告子曰："性无
善无不善也。"或曰："性可以为善，可以为不善。"[③]在告子看来，人之
善不善，是由后天造成的。其实，当孟子和荀子的辩论逐步深入时，在
"后天因素对人的决定性影响"方面也就相当接近了——虽然两人强调
的侧重点还有所不同。孟子曰："乃若其情，则可以为善矣，乃所谓善
也。若夫为不善，非才之罪也。"[④]（按：情、才，皆为质性。）孟子对
"性本善"的解释是：从人的本性看，可以使它善良。"可以使"并非
"必定是"，"可以使"需要条件，孟子十分强调个人自身的修身养性，

---

① ③ ④ 杨伯峻译注：《孟子译注》，中华书局2008年版，第196、200页。
② 方勇、李波译注：《荀子》，中华书局2011年版，第375页。

106 认为"人皆可以为尧舜"①，这对于激励人自强不息确有积极意义。荀子强调后天学习的重要性和环境影响的作用，主张"人之性恶，必将待圣王之治，礼仪之化，然后皆出于治，合于善也"。认为君子和小人的本性是一致的，"涂之人可以为禹"（按：涂，同"途"，道路；涂之人，普通人）②，荀子也言之有理。流传已久的"狼孩"故事，足以证明社会对儿童成长的决定性作用。一个不幸被狼叼走的婴儿，被狼养大到十几岁，有人样却没人性，且回到人间后已很难逆转。

孩子在人间，什么样的人间社会造就什么样的孩子。当然，即使在同一个社会中，孩子相互之间也会有很大差异，那是因为社会本身是一个存在巨大差异的混合体。要使儿童健康成长，只有不断改造社会，推动社会持续进步。社会对儿童成长的影响，有的直接，那就是儿童事业的发展状况对儿童的影响；有的间接，那就是整个社会的发展状况对儿童的影响。

怎么评价现代化、特别是中国现代化对儿童成长的影响，存在着不小分歧，但也不难找到共同点。与鲁迅所处的时代相比，人们公认当今中国社会发生了翻天覆地的变化，中国人已普遍享受和平，已告别"以阶级斗争为纲"的年代。大多数人的物质生活水平有了明显提高。儿童设施越来越普及，受教育机会大大增加。然而，人们又不无忧虑地面对环境污染、消费过度等物的异化和人被物所役的人性的异化。鲁迅年代所批判的国民性弊端，今天有的已克服，有的依然存在，有的甚至更厉害了。鲁迅当年揭露的社会上存在的诬赖现象对孩子的影响，孩子募集水灾捐款的善举与社会阴暗面所形成的对比，类似现象我们现在不还时

① 杨伯峻译注：《孟子译注》，中华书局 2008 年版，第 214 页。
② 方勇、李波译注：《荀子》，中华书局 2011 年版，第 382、385 页。

有所闻吗？人们又不无忧虑地面对本书第一章所分析的儿童生存和教育
方面存在的突出问题。改造社会、改造儿童的成长环境，依然那么重要
而紧迫！

3. 还是要强调"先改造了自己"

鲁迅提出"必须先改造了自己，再改造社会"，在他看来每个人改
掉自己劣根性的改革才是真正彻底的改革。这里的逻辑很清晰，如果每
个人都指责社会上存在的不良现象，却不认为自己也承担着改造社会的
一份责任——首先是改造自己、完善自己的责任，那改造社会就会成为
一句空话。古希腊哲学家苏格拉底说："没有经过反省的人生，是不值
得活的。"①英国哲学家维特根斯坦说得更彻底："改善你自己"，"那是
你为改善世界能做的一切"②。仔细想想真是如此。你为了要改善这个
世界一点点，就必须先在反省自己的基础上改善自己。改善自己不仅是
为了改造社会，而且首先是为了使自己逐步成为一个离完美越来越近
的人。

可是时至今日，中国社会真正重视自我改造者并不多。中央电视台
新闻评论员白岩松指出："此时此刻的中国最大的特质是抱怨"，"所有
人都在抱怨，因为大家都认为责任是别人的，与自己无关。每个人都在
抱怨中把自己给择出去了。其实，你怎么样中国就怎么样，你进步了中
国就进步了，但是中国人不会用这样的思维去思考问题。"③"这样的思
维"就是鲁迅式的思维，当代中国特别需要。一般地说，绝大多数个

---

① 傅佩荣著：《西方哲学与人生》第一卷，东方出版社 2013 年版，第 251 页。
② ［英］瑞·蒙克著：《维特根斯坦传：天才之为责任》，王光宇译，浙江大学出版
社 2011 年版，第 17 页。
③ 白岩松著：《白说》，长江文艺出版社 2015 年版，第 26 页。

108　体，对改造社会所能做的工作、所能产生的影响是极其有限的，对改善大环境是无法把握的。自我改造、自我完善，虽然也很不容易，但毕竟可以把握，只要你真想做就能做，而且能做成功。让我们就从抚育和培养孩子做起吧。

二、 保护童真和想象力，教儿童掌握"极普通，极紧要的常识"

改造社会，为儿童的成长提供一个尽可能好的环境，最重要的无疑是改造儿童教育。鲁迅在 1911 年 11 月致同乡张琴孙的信中说：

今之所急，惟在能造成人民，为国柱石，即小学及通俗之教育是也。

先生把"小学及通俗之教育"提到国家"柱石"的高度。他批评家乡的小学教育：

今绍城学校略具，同学之士，不患无所适从。独小学寥落无几，此甚所惑也。

鲁迅儿童观的核心内容是儿童教育观。先生提出"一要理解，二要指导，三要解放"的儿童教育方针，首先是对父母提出的，推而广之也是向全社会提出的。在提出方针的同时，先生还就儿童教育的基本问题和若干具体问题发表了看法。

1. 失真，"诬蔑了古人，教坏了后人"

先生在 1926 年发表的《二十四孝图》中，对元代郭居敬编的《二十四孝图》中虚伪的内容作了批判，对"老莱娱亲"的故事特别反感。老莱子"行年七十，言不称老，常著五色斑斓之衣，为婴儿戏于亲侧。

又常取水上堂，诈跌仆地，作婴儿啼，以娱亲意"。先生评论道：

> 招我反感的便是"诈跌"。无论忤逆，无论孝顺，小孩子多不愿意"诈"作，听故事也不喜欢是谣言，这是凡有稍稍留心儿童心理的都知道的。

年已七十的老莱子，假装跌倒在地、像婴儿般啼哭，以取悦父母。先生"在较古的书上一查"，发现原本的故事"还不至于如此虚伪"。无论是南宋师觉授所著《孝子传》，还是宋朝李昉等奉敕所撰《太平御览》，都没有"诈跌"之说。先生批评道：

> 不知怎地，后之君子却一定要改得他"诈"起来，心里才能舒服。

在先生看来，这是：

> 将"肉麻当作有趣"一般，以不情为伦纪，诬蔑了古人，教坏了后人。老莱子即是一例，道学先生以为他白璧无瑕时，他却已在孩子的心中死掉了。

"道学先生"不合情理地把故事编到似乎是"白璧无瑕"之极端，就失真了。失真，首先是"诬蔑了古人"，进而又"教坏了后人"——使孩子们从小便接触虚假的东西，这对他们的成长是致命弊害。

先生1934年发表的《难行和不信》，集中谈了儿童教育。他对"爱国之士给儿童的教训"作了评论：

> 说要用功，古时候曾有"囊萤照读""凿壁偷光"的志士……

先生认为，"这些故事作为闲谈来听听是不算很坏的，但万一有谁相信了，照办了，那就会成为乳臭未干的吉诃德。你想，每天要捉一袋照得见四号铅字的萤火虫，那岂是一件容易事？但这还只是不容易罢了，倘去凿壁，事情就更糟，无论在哪里，至少是挨一顿骂之后，立刻由爸爸妈妈赔礼，雇人去修好"。就是说，"囊萤照读""凿壁偷光"那样的故事即使有励志作用，对绝大多数孩子而言，也脱离实际，不太可

110　　能做到或不该那样做。先生作出这种分析，强调要以真诚的态度来对待孩子。

先生认为中国人最缺的是"诚和爱"，他在提出"以爱为纲"的同时，提出了"以诚为本"。他在 1925 年写的小说《伤逝》中指出：

我在苦恼中常常想，说真实自然须有极大的勇气的；假如没有这勇气，而苟安于虚伪，那也便是不能开辟新的生路的人。不独不是这个，连这人也未尝有！

先生 1927 年在香港青年会作的题为《无声的中国》演讲中指出：

只有真的声音，才能感动中国的人和世界的人；必须有了真的声音，才能和世界的人同在世界上生活。

保护童真，这是儿童教育必须遵循的第一条守则。

鲁迅认为，不仅要保护孩子的童真，还要保护孩子的想象力。先生 1934 年发表的《〈看图识字〉》，开头是富有童趣和诗意的：

凡一个人，即使到了中年以至暮年，倘一和孩子接近，便会踏进久经忘却了的孩子世界的边疆去，想到月亮怎么会跟着人走，星星究竟是怎么嵌在天空中。但孩子在他的世界里，是好像鱼之在水，游泳自如，忘其所以的，成人却有如人的凫水一样，虽然也觉到水的柔滑和清凉，不过总不免吃力，为难，非上陆不可了。

孩子和成人不一样，孩子心中充满想象力，可以达到忘乎所以的程度。在对《看图识字》作了批评后，先生进一步指出：

孩子是可以敬服的，他常常想到星月以上的境界，想到地面下的情形，想到花卉的用处，想到昆虫的言语；他想飞上天空，他想潜入蚁穴……

谈孩子的想象力，用了"敬服"二字，可见它在先生心目中的分量。先生在《两地书四》中，对当时不鼓励想象力发展的教育作了批判：

现在的所谓教育，世界上无论那一国，其实都不过是制造许多适应环境的机器的方法罢了。要适如其分，发展各各的个性，这时候还未到来，也料不定将来究竟可有这样的时候。

现代大工业大机器生产具有两重性，在促进生产效率极大提高的同时，却影响了人的创造性发挥。反映在教育，就是"用同一模型，无理嵌定"，抹煞人的个性，"制造许多适应环境的机器"。先生对能否改变这种状况持悲观态度。看看今天应试教育难以改变的状况，我们对先生当年的悲观多了一点理解。如何保护孩子的想象力，激发他们的创造力，是需要继续破解的一道难题。

2. 不给儿童出"决计没法办的难题"

鲁迅在《难行和不信》中指出：

请援，杀敌，更加是大事情，在外国，都是三四十岁的人们所做的。他们那里的儿童，着重的是吃，玩，认字，听些极普通，极紧要的常识。中国的儿童给大家特别看得起，那当然也很好，然而出来的题目就因此常常是难题，仍如飞剑一样，非上武当山寻师学道之后，决计没法办。到了二十世纪，古人空想中的潜水艇，飞行机，是实地上成功了，但《龙文鞭影》或《幼学琼林》里的模范故事，却还有些难学。我想，便是说教的人，恐怕自己也未必相信罢。

这里讲的，是儿童生活应该怎么过和儿童时期应该学什么的问题。对前一个问题，先生认为主要是吃和玩。"吃"是保存生命的基本条件，"玩"是儿童的天性。对后一个问题，先生认为主要是认字和听些极普通、极紧要的常识。在先生看来，不必把应由大人们做的事交给儿童去做。对儿童不必提过高要求，要求过高是给儿童出难题，甚至只是一种

112　说教。先生 1936 年发表的短文《登错的文章》，也是讲"请援、杀敌这样的大事情"应该是大人们的事，文章开头说：

　　印给少年们看的刊物上，现在往往见有描写岳飞呀，文天祥呀的故事文章。自然，这两位，是给中国人挣面子的，但来做现在的少年们的模范，却似乎迂远一点。

　　为何这么说？先生分析道：文天祥是文官，岳飞是武将，倘使少年们看了他们的事迹受感动，要模仿，在现时代，就先得在普通学校完成学业后，或进大学，再应文官考试，或进陆军学校，做到将官。这对于少年来说，确实是"迂远一点"了。当然，岳飞和文天祥确可激励现任的文官武将，并使那些前任的降将逃官感到羞愧，但那不是针对少年。先生以嘲讽的口吻说：

　　我疑心那些故事，原是为办给大人老爷们看的刊物而作的文字，不知怎么一来，却错登在少年读物上面了，要不然，作者是决不至于如此低能的。

　　先生在这里表达的意思，和《难行和不信》一样。先生 1936 年还发表了《难答的问题》，文章开头说：

　　大约是因为经过了"儿童年"的缘故罢，这几年来，向儿童们说话的刊物多得很，教训呀，指导呀，鼓励呀，劝谕呀，七嘴八舌，如果精力的旺盛不及儿童的人，是看了要头昏的。

　　1934 年是上海的"儿童年"。刊物上，登载与儿童相关的文章多起来了，但在先生看来，却并不理想。先生举例说：2 月 9 日《申报》的《儿童专刊》上，有一篇文章在对儿童讲《武训先生》。说武训是一个乞丐，给人家做苦工，得了钱就把它储起来，自己一文也不花，终于开办了一个学校。作者向儿童提出一个问题："小朋友！你念了上面的故事，有什么感想？"先生分析道：

我真也极愿意知道小朋友将有怎样的感想。假如念了上面的故事的 113
人，是一个乞丐，或者比乞丐景况还要好，那么，他大约要自愧弗如，
或者愤慨于中国少有这样的乞丐。然而小朋友会怎样感想呢，他们恐怕
只好圆睁了眼睛，回问作者道：

"大朋友！你讲了上面的故事，是什么意思？"

也许在先生看来，要儿童对武训办学这样的事发表感想，也属于儿
童"决计没法办的难题"吧。

3. 儿童教育"要先打好基础"

在鲁迅看来，怎么教儿童"认字"，怎么教儿童掌握"极普通，极
紧要的常识"呢？

（1）不能"一步登天"，"不能满足于学校布置的功课"，不"硬压"

俞芳在回忆录中，记载有不少先生关于儿童教育方面的内容，首先
是学习方面。先生指出：

学习不能"一步登天"，要先打好基础，基础不扎实，如同在沙滩
上造房子，是经不起风吹雨打的。学习的基础不扎实，反会给以后的学
习带来困难。

这是讲儿童教育的基本特点。儿童时期的学习如果不注重打基础，
而贪图一步登天，其结果往往适得其反。先生又指出：

学习不能满足于学校布置的功课，也不能满足于老师所教的知识。
多看些课外书。小孩多看些有意义的电影，对增长知识很有好处。

这是讲儿童教育的方法。先生一贯倡导读书面要广些。主张孩子
"多看些有意义的电影"，则体现了先生对新的学习方式的重视。先生再
指出：

要使孩子对读书发生兴趣，感到读书的"乐趣"，就会学好，要做

到这一点，就要"学有余力"。

在先生看来，要孩子读好书，重要因素是让孩子对读书有兴趣，并且感受到读书的乐趣。为此，教育的"弦"就不能绷得太紧，而要使孩子"学有余力"。这与先生一贯倡导人活着要有"余裕心"的思想一脉相通。先生认为：

学生学习成绩的好坏，细细考察，都有原因的；学不好，要教育，要引导他对学习发生兴趣，不要"硬压"。学得好一些，就勉强跳级，反而使她成绩变坏，跟不上班，这样就会使她把读书看成"苦事"，对学习发生厌倦，失去信心。

在先生看来，每个孩子的情况不一样，老师对他们要"细细考察"，对"学不好"和"学得好一些"的孩子，要分别采取不同的教育方法。这就是孔夫子所讲的因材施教。

(2)"体育锻炼是要紧的，但它不是目的"

俞芳在回忆录中专门写了先生对体育锻炼的看法：

体育锻炼是要紧的，但它不是目的。身体不好，固然不能学习或工作，可是单有强壮的身体，不好好学习，没有科学文化知识，"腹中空空，是个草包"，也是不能做好工作的。所以既要重视运动，炼好身体；又要努力学习，掌握科学文化知识。

先生在强调体育锻炼重要性的同时，提醒人们不要为锻炼而锻炼，而要兼顾炼好身体和努力学习。先生还讲了各种体育锻炼的方法，譬如："做操时，动作要正确，使每一部位的筋骨和肌肉得到锻炼。""颈部运动，能使我们头颈灵活。扩胸运动，使胸肌发达，肺部可以得到正常发育。腰部运动，使腰肌灵活，腹肌弹性好。""跳跃运动，这是四肢运动，也是全身运动，练习弹跳力的，能跳得高些是好的，但要逐步加高；另外落地要稳。深呼吸要缓慢，不可过急。""步行、跑步、跳绳、踢毽子、拍皮球等等，都是很好的运动。""要一步一步来，一时不能做到，不要勉强，要坚持练，不可性急；性急不但对身体无益，反而有害。""运动要经常，但时间不可过长。累了，就要休息。"①如此具体阐述各种体育锻炼项目的功用和要领，应与先生学过医有关。

（3）用合适的方法对儿童进行性教育

先生还关心儿童的性教育。他在 1934 年发表的《"小童挡驾"》里，从看外国电影谈起，触及了这个问题：

近五六年来的外国电影，是先给我们看了一通洋侠客的勇敢，于是而野蛮人的陋劣，又于是而洋小姐的曲线美。但是，眼界是要大起来的，终于几条大腿不够了，于是一大丛；又不够了，于是赤条条。这就是"裸体运动大写真"（按：指 1934 年 3 月在上海放映的表现国外裸体运动的纪录片《回到自然》），虽然是正正堂堂的"人体美与健康美的表现"，然而又是"小童挡驾"的，他们不配看这些美。

为什么呢？宣传上有这样的文字——

"一个绝顶聪明的孩子说：她们怎不回过身子儿来呢？"

"一位十足严正的爸爸说：怪不得戏院对孩子们要挡驾了！"

先生由此评论道：

中国的儿童也许比较的早熟，也许性感比较的敏，但总不至于比成年的他的"爸爸"，心地更不干净的。倘其如此，二十年后的中国社会，那可真真可怕了。

先生的意思是，针对儿童的性好奇，仅仅用类似电影院里的"小童挡驾"这种不让儿童接触"性"的方法，是解决不了问题的。

---

① 李新宇、周海婴主编：《鲁迅大全集》第十卷，长江文艺出版社 2011 年版，第 556—557 页。

116   先生主张对学生进行性教育，他本人 1909 年在浙江两级师范学堂做生理学教员、教生理卫生课时，答应了学生的要求，加讲生殖系统。全校师生为之惊讶，他却坦然去教了。他只对学生提出一个条件，就是在他讲的时候，不许笑。先生的理由是："因为讲的人态度是严肃的，如果有人笑，严肃的空气就破坏了。"①当然，师范学生已不是儿童了。怎么用合适的方法对儿童进行性教育，是需要认真把握的。

（4）引导儿童从小养成好习惯

俞芳在回忆录中说："大先生（按：指鲁迅）每次出门，口袋里总装着一小叠纸，回家后，又从口袋里把纸掏出来，放在炉子里烧掉，这到底是什么缘故呢？"有一次，她就问鲁迅。先生没有正面回答，反问道：

你们有常识课吗？老师给你们讲过随地吐痰的害处吗？

俞芳说讲过的，随地吐痰，不讲卫生，是不道德、不文明的行为。先生说：

对呀，把痰吐在事先准备好的纸里，带回来烧掉，消灭细菌，这样做好不好？②

先生在 1930 年发表的《习惯与改革》一文中说，他是赞成列宁将"风俗"和"习惯"都包括在"文化"之内的。先生指出：

我想，但倘不将这些改革，则这革命即等于无成，如沙上建塔，顷刻倒坏。

那么，该怎么改革呢？先生提醒道：

倘不深入民众的大层中，于他们的风俗习惯，加以研究，分别好

---

① 参阅朱正著：《鲁迅传》，三联书店（香港）有限公司 2008 年版，第 93 页。
② 李新宇、周海婴主编：《鲁迅大全集》第十卷，长江文艺出版社 2011 年版，第556—557 页。

坏，立存废的标准，慎选施行的方法，则无论怎样的改革，都将为习惯
的岩石所压碎，或者只在表面上浮游一些时。

这里，提出了风俗习惯改革三要素：一是深入到民间的底层（大
层）去，了解实际情况；二是区分好坏，好的"立"，坏的"废"；三是
慎选方法，方法不对，良好的习惯是养不成的。养成好习惯是儿童教育
的基础。在先生看来，基础扎实了，在人生的路上就经得起风吹雨打，
成人后的再学习也就比较容易了。

4. 研究儿童教育，"其功德，当不在禹"

鲁迅 1933 年发表的《我们怎样教育儿童的?》一文，对儿童教科书
作了分析。他先谈了中国历史上的儿童教科书：

现在自然是各式各样的教科书，但在村塾里也还有《三字经》和
《百家姓》。清朝末年，有些人读的是"天子重英豪，文章教尔曹，万般
皆下品，惟有读书高"的《神童诗》，夸着"读书人"的光荣；有些人
读的是"混沌初开，乾坤始奠，轻清者上浮而为天，重浊者下凝而为
地"的《幼学琼林》，教着做古文的滥调。再上去我可不知道了，但听
说，唐末宋初用过《太公家教》，久已失传，后来才从敦煌石窟中发现，
而在汉朝，是读《急就篇》之类的。

先生列举了《三字经》《百家姓》《神童诗》《幼学琼林》《太公家
教》和《急就篇》六部曾经广为流传的儿童教科书，并未对这六部书作
全面评价。仅对其中的两部书作了或许带有负面的评价：说《神童诗》
"夸着'读书人'的光荣"，说《幼学琼林》"教着做古文的滥调"。接
着，先生谈了"近三十年中"儿童教科书的状况：

就是所谓"教科书"，在近三十年中，真不知变化了多少。忽而这
么说，忽而那么说，今天是这样的宗旨，明天又是那样的主张，不知

118 　"教育"则已，一加"教育"，就从学校里造成了许多矛盾冲突的人，而且因为旧的社会关系，一面也还是"混沌初开，乾坤始奠"的老古董。

从中可以看到，这个时期中国的儿童教科书，可以说是新旧并存，变化多端。由此，先生提出要加强对中国儿童教育史的研究：

中国要作家，要"文豪"，但也要真正的学究。倘有人作一部历史，将中国历来教育儿童的方法，用书，作一个明确的记录，给人明白我们的古人以至我们，是怎样的被熏陶下来的，则其功德，当不在禹（虽然他也许不过是一条虫）下（按：禹是一条虫，是顾颉刚在1923年讨论古史的文章中的看法）。

由"真正的学究"来研究"中国历来教育儿童的方法"，目的是为了明白自古至今的中国人"是怎样的被熏陶下来的"，先生认为这种研究功德不在治水为民造福的大禹之下。"熏陶"二字的内涵是中性的，虽然不排除先生在使用时带有批判，但联系先生未对历史上广为流传的儿童教科书作全面评价，还是可见他的慎重态度。

儿童教育的主要问题，一是教材，二是教师。鲁迅对于从事小教或幼教的教师，有过两次评论。一次是在《从百草园到三味书屋》中，对"我的先生"（按：指寿怀鉴，字镜吾，清末秀才）。一次是在书信中对海婴上的幼稚园教师。关于"我的先生"，鲁迅写道：

（学生向先生行礼后）先生便和蔼地在一旁答礼。他是一个高而瘦的老人，须发都花白了，还戴着大眼镜。我对他很恭敬，因为我早听到，他是本城中极方正，质朴，博学的人。

虽然有过"我"问先生"'怪哉'这虫是怎么回事"，先生"似乎很不高兴"；但"我"对先生的评价还是不错的：

先生最初这几天对我很严厉，后来却好起来了，不过给我读的书渐渐加多，对课（按：旧时学塾教学生练习对仗的一种功课，用虚实平仄

的字相对，如"桃红"对"柳绿"之类）也渐渐加上字去，从三言到五 119
言，终于到七言。

关于先生的管理方法：

他有一条戒尺，但是不常用，也有罚跪的规则，但也不常用，普通
总不过瞪几眼，大声道：

"读书！"

于是大家放开喉咙读一阵书，真是人声鼎沸。

以上对书塾老师的评价，虽然只是个案，但还是可以让我们多少了
解一点晚清小教教师情况的。

鲁迅在送海婴上幼稚园过程中，对幼教师资有过评论。他 1933 年
9 月 29 日给山本初枝的信中，谈道：把孩子送进了幼稚园，"但去了三
四天，（孩子）说先生（按：指幼稚园老师）不好，又不肯去。"先生夫
妇就没有勉强他去。他 1934 年 6 月 13 日给母亲的信中说："（幼稚园）
教员虽然打扮得很时髦，却无学问。"请注意，这就不是海婴的评价，
而是先生本人的评价了。当时中国的幼教事业虽然已经起步，但整个社
会内忧外患，幼教师资不尽人意是可以理解的。

5. 如何解决当下儿童教育面对的若干热点问题?

古今中外的教育家普遍认为，儿童时期的情况如何关系到人的一
生，为此，必须高度重视儿童问题。北齐文学家颜之推的《颜氏家训》
作为中国古代家庭教育的经典，首先强调的就是早教的极端重要性：
"人生小幼，精神专利，长成已后，思虑散逸，固须早教，勿失机也。"
古希腊哲学家、教育家柏拉图在其代表作《理想国》中说："凡事开头
最重要。特别是生物。在幼小柔嫩的阶段，最容易接受陶冶，你要把它
塑成什么型式，就能塑成什么型式。"

　　儿童教育重要，但对怎么开展好儿童教育，人们历来各抒己见。读鲁迅的儿童教育观，可以很自然地引起我们对当下儿童教育中存在的诸多问题的思考。

　　（1）应试教育为何如此难改变？

　　应试教育以考试为指挥棒，按照"标准答案"来定分数。这种教育方法，虽有分数面前人人平等的"公正"，却严重存在压抑孩子的想象力和创造精神、抹煞他们个性的弊端。"标准答案"又往往与"高大全"联系在一起，与学生看到的社会实际脱离，不利于保护孩子的童真。所以，要从根本上改变应试教育，就要改善考试这根指挥棒或者选拔方式。长期以来，从最高领导层到许多教育工作者，包括幼教、小教的校长和老师，都曾经力图改变。但是，从总体上看，应试教育不仅没有改变，而且愈演愈烈。

　　我想，一种现象人们希望它改变却长期得不到改变，必定是由于对它的认识不清楚所致。从儿童教育长期存在的问题看：如何确定儿童教育的目标，坚持把培育"真正的人"放在首位？如何真正从儿童的特点出发来设计教育内容，不要把必要、适当的管理与让他们过一个快乐的童年对立起来？如何在引导儿童逐步具备团队精神的同时尊重每个人个性的发展，欣赏他们的好奇心、想象力，鼓励他们形成创新思维？不把这些问题真正搞清楚，应试教育就不可能得到改变。那么，这些问题是不是搞得清楚呢？按照孙中山先生"知难行易"的学说，搞清楚确实不太容易。但只要认真对待，下点功夫，是可能在相当程度上搞清楚的。古今中外在儿童教育方面留下了宝贵遗产，可供借鉴。特别是鲁迅在批判中传承历史，贯通中西，在儿童教育方面提出了"幼者为本"、以爱为纲，提出了"一要理解、二要指导、三要解放"，对改变应试教育极富启发。

当然，把问题搞清楚还不够。真正按照正确的思想做起来，会有许多实际问题需要解决。但原则明确了，一步一步来，扎扎实实努力，应试教育总是能够改变的，总比空喊素质教育好得多。

（2）儿童教育要不要循序渐进？

鲁迅主张儿童教育理应循序渐进，教儿童掌握"极普通，极紧要的常识"。先生肯定岳飞、文天祥是民族英雄，但认为把他们作为少年们的模范"似乎迂远一点"——也就是说，对儿童们而言，这是将来的事。先生提出的问题是值得研究的。

早在1990多年前，古罗马教育家昆体良就在《雄辩术原理》中指出："早熟的才智鲜有能结好果者。"近代历史学家、教育家梁启超在其《论幼学》中作过如下论述："识字之始，必从眼前名物指点，不好难也；必教以天文地学浅理，如演戏法，童子所乐知也；必教以古今杂事，如说鼓词，童子所乐闻也；必教以数国语言，童子舌本未强，易于学也；必教以算，百业所必用也，多为歌谣，易于上口也，多为俗语，易于索解也；必习音乐，使无厌苦，且和其气血也；必习体操，强其筋骨，且使人人可为兵也。"1926年10月，陶行知创办了我国历史上第一所乡村幼儿园——南京燕子矶幼稚园。他在《创设乡村幼稚园宣言书》中，着重谈了抓好儿童良好人格、习惯的养成问题，指出："人生所需之重要习惯、倾向、态度，多半可以在六岁以前培养成功。换句话说，六岁以前是人格陶冶最重要的时期。这个时期培养得好，以后只须顺着他继续增高的培养上去，自然成为社会的优良分子；倘使培养得不好，那么，习惯成了不易改，倾向定了不易移，态度决了不易变。"

但是直到今天，我们的不少学校，仍然在应试教育的指挥棒下，给孩子们安排了许多难度过高的学习内容，使孩子们苦不堪言。在政治和道德教育方面，往往摆脱不了空洞、抽象地讲大道理的做法，而忽视

"如何做人"的基本常识教育和文明的基本行为习惯养成教育。以至于到了大学，许多青年学子做人的一般文明程度还比较低（这不能怪青少年，主要责任在成年人，一个社会，成年人的文明程度普遍比较低，要青少年普遍比较高几乎是不可能的）。这样，就是政治教育本身也不可能有好的效果。教育是逐步提升的过程，先要解决做人的常识、行为习惯问题，然后才可能解决高层面的政治信念、理想问题。事实证明，颠倒过来做是难以成功的。而解决文明做人、行为习惯问题，儿童时期是关键，"从小看到老"是有科学依据的。

（3）怎么才能把提高儿童体能素质放在重要位置？

鲁迅提出要重视儿童的体育锻炼，虽然是 90 多年前，但即使在那时，这似乎也不是什么了不起的新观点。这以后，重申类似观点的人也很多，新中国成立不久，毛泽东提出学生要以"三好"为目标，也是把身体好放在第一位。然而，令人诧异的是，这样一个人们都会认为正确的观点，多少年来并没有落实好。《中国新闻周刊》2013 年第 9 期报道：中国 31% 的小学、83% 的初中，从来不组织课外体育锻炼。全国仅有 21.95% 的中小学生能够保证每天锻炼一小时。中国初中生在校参加课外体育锻炼的比例是 9.34%，而日本、新加坡、美国、英国、澳大利亚 5 国平均为 57.39%。每天锻炼 2 小时的日本学生有 21.3%，中国仅为 6.3%；每天锻炼 3 小时的日本学生有 21.3%，中国仅为 1.3%。儿童体育锻炼少，成为他们体质连续下降的主要原因之一。2014 年 6 月28 日，时任中共中央政治局委员、国务院副总理刘延东在全国学校体育工作座谈会上指出："青少年'运动不足'问题仍然突出、体质健康状况还没有根本改变。"

作简单分析，可以说那是应试教育惹的祸。再问，为什么应试教育批了多少年，素质教育喊了多少年，就是变不了呢？这很容易使人想起鲁迅"中国太难改变了"的名言。但请不要忘记，先生又说："即使艰难，也还要做；愈艰难，就愈要做。"日本近代启蒙思想家、教育家福泽谕吉19世纪七八十年代，侧重从人的独立的角度谈了一个人从小就要加强体育锻炼的重要性："一个人才智优秀而身体虚弱，就好像蒸汽足而锅炉的质量低劣，如果蒸汽量大，锅炉就会爆炸。""人如无健康的身体，则很难完成独立的事业。""体育是使人获得独立生活的手段。因此，决不能轻视。"①不管对福泽谕吉总体上做什么样的评价，他在100多年前发表的上述见解，还是对我们有所启发的。近几年来，我国青少年体质状况有所好转，但要根本改变，尚须学校和全社会作出更大努力。

（4）怎么看待"少儿读经"？

在重温鲁迅关于研究儿童教科书的相关论述时，难免会联系到现在社会上的"少儿读经"现象。提倡"少儿读经"者，一定打着"复兴国学"的旗号，动机大都不坏。但要少儿所读之经究竟是什么东西，是否适合儿童阅读，却有必要作一番分析。

读经，最经典的莫过于读四书五经（四书指的是《论语》《孟子》《大学》《中庸》，五经指的是《诗经》《尚书》《礼记》《周易》《春秋》）。四书五经是儒家学说的重要代表作。儒家学说是中华文明的主流学说，是中华民族历经沧桑、在曲折中顽强生存的血脉。但在充分肯定其精华的同时，也要看到它不可避免的历史局限性。特别要看到历代封建专制统治者及其御用文人，为维护自身利益，对儒家学说作了不少偏离其本意的解说，形成"伪儒学"，严重阻碍了历史进步。五四运动

---

① 《福泽谕吉教育论著选》，王桂主译，人民教育出版社2005年版，第116、119页。

前后，中国先进的知识分子批判这种"伪儒学"，是为了传承和发展中华文明。但矫枉过正，存在"倒洗澡水时一股脑儿把小孩子一起倒掉"的倾向。现在重新倡导阅读儒家经典，很有必要。然而在儿童中倡导，需要注意两点：

一是内容上怎么把握。在儿童中倡导阅读儒家经典，不应原封不动地向他们灌输儒家思想，需要有所取舍。正如当代最具原创性的哲学家、美学家李泽厚所指出："我不欣赏'少儿读经'之类的笼统做法、提法，它很难与当年袁世凯的'尊孔'彻底分清。""在我看来，如果'五四'那批人是'启蒙'，那么现在一些人就是'蒙启'：把启开过的蒙再'蒙'起来。""今天从小学到研究生，读的大半是数理化、电脑、科技，所以我是主张读点中国古书的。特别是《诗经》《论语》等等"。"但是，我反对不分青红皂白地提倡'读经'，那样可能会从小就培育原来传统政治体系所需要的奴性道德。"①

中国古代的儿童启蒙读本，虽然称不上是四书五经那样的儒家经典，但也是儒家学说的重要组成部分，不少内容具有超越时空的价值。经过筛选，由合格的教师加以适合儿童的诠释，至今仍然值得儿童阅读。李泽厚指出："公民课是灌输现代社会所必须遵循的行为规范、伦理秩序及其理由，培养孩子从小便讲理性、守秩序、尊法律、护公物、明权界、别公私，以及具有自由、平等、独立、人权等等观念。然后再加上《三字经》等传统典籍宣讲的孝亲敬师、长幼有序、勤奋好学、尊老扶幼、阅读历史、重视经验等等，使两者交融会合，情理和谐。"②

二是方法上怎么把握。儿童阅读儒家经典，有一个前面谈到的循序

① 《李泽厚对话集 廿一世纪（一）》，中华书局 2005 年版，第 158、160 页。
② 《李泽厚对话集 廿一世纪（二）》，中华书局 2011 年版，第 197 页。

渐进的问题。傅斯年在《论学校读经》一文中说:"从历史上看,倡导
读经的人从来就没有取得过成功。"胡适认为这篇文章很值得大家一
读①。史学家余英时联系自己的切身经历说:"我认为在幼童中开展读
经运动是没什么太大的用处的,因为信仰只有在内心生根发芽之后才产
生效果。幼童背诵儒家经典,只是口头上和文字上的效果,他们不会真
正理解,更谈不上去信仰,所以这种做法流于形式,对于拯救人心不会
有实际效果。"余英时还说:"80年代我曾帮助新加坡政府编写'儒家
伦理教科书',准备在中学推行,但试验了一两年便无疾而终。严格地
说,读经实在困难,四书还算比较容易读,五经即便专家也大半没有弄
明白。新经学大师王国维都承认:《书经》他有一半不懂。那么今天教
五经的师资从何而来呢?其实读经的目的无非是要小孩子早点接触儒家
的价值。这只有在中小学教科书中选若干易懂的篇章,详加注释,由合
格的教师来讲授。除此之外,别无他法。要儿童在学校课业之外,再额
外读难懂的经书,恐怕不能持久。"②以上分析都是中肯的。

(5)怎么抓住儿童教育的关键?

儿童教育的关键在师资。当下幼教师资队伍状况如何? 2017年四
季度,上海携程亲子园和北京红黄蓝新天地幼儿园虐童事件引发人们的
普遍关注和担忧,类似事件被频频曝光,南京、湖北和广西等地都有幼
儿园发生虐童。人们当然不应以偏概全,得出大多数幼教老师素质低下
的结论。但如果说整个幼教师资队伍的素质亟需提升,应是人们的共同
期待。2017年11月27日《环球时报》载王雪著文披露:"以北京为
例,私立园(按:指民办幼儿园)老师的流动率已高达30%,月薪税

① 智效民著:《民国那些教育家》,四川文艺出版社2013年版,第20页。
② 《学思答问——余英时访谈集》,北京大学出版社2013年版,第115、134页。

后也就 3 000 元左右，老师多以中专、大专学历为主。有些普惠性幼儿园的师资水平则更低。"据我所知，公办幼儿园老师的情况也好不了多少。这样的薪酬和学历，在社会上处于中低端水平，怎么能吸引大量高端人才流向幼教系统呢？

2017 年 8 月 21 日新加坡《联合早报》报道，新加坡总理李显龙在国庆群众大会上宣布，作为战略性的宏观政策，把学前教育列为政府的三大工作重点之一。具体措施是："未来五年，政府在这方面的开支将从每年 8 亿 5 000 万元（按：新元）翻倍到 17 亿元。""全天学额将再增加 4 万个，使总数达 20 万个。新组屋区的主要业者会开设照顾 4 岁以下幼儿的婴幼儿教育中心，并同附近的教育部幼儿园配对。再加上更多伙伴业者加入，到了 2023 年，每三个学前儿童中就会有两个在政府或政府支持的学前教育中心就读。"最令人注目的是，新加坡将采取措施吸引更多人加入学前教育行列，学前教育工作者的薪金将更具有市场竞争力。"实际上从 2012 年至 2016 年，学前教育专业文凭毕业生的起薪有增加的趋势，从 2012 年的 1 900 元增至去年的 2 250 元。自 2015 年报读理工学院学前教育专业文凭课程的人数，也增加了一倍。""新设立的国立幼儿培育教育学院将集中培训幼教教师。"他山之石，可以攻玉。

三、"少年读物诚然是一个大问题"

出版少年读物，是一个社会儿童教育的大问题。对此，鲁迅极为重视。

1. "改进需要专家，一切几乎都得从新来一下"

早在 1919 年 1 月 16 日，先生就在致许寿裳的信中指出：

少年可读之书，中国绝少，起孟（按：即周作人）素来注意，亦颇
有译述之意，但无暇无才无钱，恐成绩终亦甚鲜。

与少年可读之书"绝少"同时存在的，是想在这方面做点事的人，没有时间，缺乏能力，又没有钱。这样，要做出成绩就难了。先生1936年10月15日给曹白的信中说：

有喜欢的书，而无钱买，是很不舒服的，我幼小时常有此苦，虽然那时的书，每部也不过四五百文。

像少年鲁迅那样"虽然每部书也不过四五百文"，但还是买不起，在当时的中国是绝大多数。

先生在《二十四孝图》中，对辑录古代所传二十四个孝子故事的通俗读物《二十四孝图》进行了批判：

我所收得的最先的图画本子，是一位长辈的赠品：《二十四孝图》。这虽然不过薄薄的一本书，但是上图下说，鬼少人多，又为我一人所独有，使我高兴极了。那里面的故事，似乎是谁都知道的；便是不识字的人，例如阿长（按：鲁迅儿时的保姆），也只要一看图画便能够滔滔不绝地讲出这一段的事迹。

但是，高兴之余，接着就是扫兴：

因为我请人讲完了二十四个故事之后，才知道"孝"有如此之难，对于先前痴心妄想，想做孝子的计划，完全绝望了。

先生分析道：书中的有些故事自然也有可以勉力仿效的，但有的如"哭竹生笋"就可疑，哭是哭不出笋来的。一到"卧冰求鲤"，可就有性命之虞了。其中最使人不解，甚至产生反感的，是"老莱娱亲"和"郭巨埋儿"。先生对这两个故事作了详细的讽刺性剖析。

五四新文化运动之后，中国儿童读物的情况有变化、有进步。也是在《二十四孝图》中，先生写道：

　　自从所谓"文学革命"以来，供给孩子的书籍，和欧，美，日的一比较，虽然很可怜，但总算有图有说，只要能读下去，就可以懂得的了。

　　先生同时指出了问题：

　　每看见小学生欢天喜地看着一本粗拙的《儿童世界》之类，另想到别国的儿童用书的精美，自然要觉得中国儿童的可怜。

　　但时代毕竟变了，先生说：

　　回忆起我和我的同窗小友的童年，却不能不以为他幸福，给我们永逝的韶光一个悲哀的吊唁。我们那时有什么可看呢，只要略有图画的本子，就要被塾师，就是当时的"引导青年的前辈"禁止，呵斥，甚而至于打手心。

　　先生举例说：

　　我的小同学因为专读"人之初性本善"读得要枯燥而死了，只好偷偷地翻开第一叶，看那题着"文星高照"四个字的恶鬼一般的魁星像，来满足他幼稚的爱美的天性。昨天看这个，今天也看这个，然而他们的眼睛里还闪出苏醒和欢喜的光辉来。

　　儿童是憧憬未来的。进入 30 年代，先生对儿童读物发表过不少评论。他在《上海的儿童》中指出：

　　现在总算中国也有印给儿童看的画本了，其中的主角自然是儿童，然而画中人物，大抵倘不是带着横暴冥顽的气味，甚而至于流氓模样的，过度的恶作剧的顽童，就是钩头耸背，低眉顺眼，一副死板板的脸相的所谓"好孩子"。

　　对此，先生一方面指出这是由于画家本领的欠缺，另一方面则肯定画家"也是取儿童范本的"。先生指出：

　　我们试一看别国的儿童画罢，英国沉着，德国粗豪，俄国雄厚，法国漂亮，日本聪明，都没有中国似的衰惫的气象。观民风是不但可以由诗文，也可以由图画，而且可以由不为人们所重的儿童画的。

先生评儿童画，用对比法尖锐地批评了中国民风的"衰惫的气象"。先生在《〈表〉译者的话》中，批评道：

看现在新印出来的儿童书，依然是司马温公敲水缸，依然是岳武穆王脊梁上刺字；甚而至于"仙人下棋"，"山中方七日，世上已千年"；还有《龙文鞭影》里的故事的白话译。

先生批评没有新的现代的儿童文学作品问世。那些老故事出世的时候，"岂但儿童们的父母还没有出世呢，连高祖父母也没有出世，那么，那'有益'和'有味'之处，也就可想而知了"。先生1936年4月2日给颜黎民的信中说：

现在印给孩子们看的书很多。但因为我不研究儿童文学，所以没有留心；据看见过的说起来，看了无害的就算好，有些却简直是讲昏话。

量多而质劣，先生不满意。对儿童读物的评论，最有代表性的，也许是先生1934年发表的《〈看图识字〉》。文章的开头，先生告诉我们，成人和儿童接近就会唤起童心，但成人与儿童对同一个事物，譬如月亮和星星，感受总是不一样。儿童会沉浸在童话世界中，成人则会很快回到现实世界中来。这就有了下面一段对于《看图识字》的批评：

月亮和星星的情形，一时怎么讲得清楚呢，家境还不算精穷，当然还不如给一点所谓教育，首先是识字。上海有各国的人们，有各国的书铺，也有各国的儿童用书。但我们是中国人，要看中国书，识中国字。这样的书也有，虽然纸张，图画，色彩，印订，都远不及别国，但有是也有的。我到市上去，给孩子买来的是民国二十一年十一月印行的"国难后第六版"的《看图识字》。

先生告诉我们，当时的上海图书市场比较开放，买得到世界各国的

130 　儿童书籍。中国的儿童书籍也有，但质量远不及外国。先生接着就谈他
为孩子买的中国人编的《看图识字》了：

> 先是那色彩就多么恶浊，但这且不管他。图画又多么死板，这且也
> 不管他。出版处虽然是上海，然而奇怪，图上有蜡烛，有洋灯，却没有
> 电灯；有朝靴，有三镶云头鞋，却没有皮鞋。跪着放枪的，一脚拖地；
> 站着射箭的，两臂不平，他们将永远不能达到目的，更坏的是连钓竿，
> 风车，布机之类，也和实物有些不同。

　《看图识字》为什么编得这么差呢？先生把它与自己小时候看过的
《日用杂字》作了比较：

> 我轻轻的叹了一口气，记起幼小时候看过的《日用杂字》来。这是
> 一本教育妇女婢仆，使她们能够记账的书，虽然名物的种类并不多，图
> 画也很粗劣，然而很活泼，也很像。

　为什么呢？先生分析道：就因为那时作画的人熟悉他所画的东西。
而现在《看图识字》的作者，是埋头苦干一日，才得维持生活一日的
人，哪有余力去买参考书，观察事物，修炼本领呢？这里，先生在对
《看图识字》进行批评的同时，对作者则给以理解的同情。但这并不是
说，儿童读物的创作就可以随随便便、马马虎虎了。在谈了儿童富于想
象力后，先生指出：

> 给儿童看的图书就必须十分慎重，做起来也十分烦难。即如《看图
> 识字》这两本小书，就天文，地理，人事，物情，无所不有。其实是，
> 倘不是对于上至宇宙之大，下至苍蝇之微，都有些切实的知识的画家，
> 决难胜任的。

　先生认为应以高度负责的态度来做儿童读物。他批评那些粗制滥造
儿童读物的作者为"蠢才"，这些人去教孩子其实是在愚弄孩子，孩子
长大起来就真的成了蠢才了。

先生 1936 年 3 月 11 日给杨晋豪的信中所谈的对儿童读物的看法，是带有结论性的：

关于少年读物，诚然是一个大问题；偶然看到一点印出来的东西，内容和文章，都没有生气，受了这样的教育，少年的前途可想。

不过改进需要专家，一切几乎都得从新来一下。

这就是先生的期望。

先生提倡儿童读一点历史，他在 1925 年发表的《忽然想到三》中指出：

我希望有人好好地做一部民国的建国史给少年看，因为我觉得民国的来源，实在已经失传了，虽然还只有十四年！

儿童不仅要知道一点古代史，还要知道一点现代史。

2. "童话含有美的感情与纯朴的心"

提出了"拿来主义"的鲁迅，一生花了很大精力于译作，其中童话占了相当比例，不说情有独钟，至少相当偏好。先生在翻译外国童话过程中，留下了不少对童话的评论，以及反映自己翻译生涯艰辛的文字。

(1) "童心的，美的，然而有真实性的梦"

先生早在旅日期间，就开始关注儿童的阅读问题。1903 年翻译了法国科幻小说家儒勒·凡尔纳的科幻小说《月界旅行》和《地底旅行》，《月界旅行》1903 年 10 月由日本东京进化社出版，《地底旅行》1906 年 3 月由上海普及书局、南京启新书局出版。先生 1909 年旅日回国后，关心周作人的儿童文学研究，他的 1912 年 6 月 26 日日记载："下午得二弟信，二十一日杭州发，内附《童话研究》草稿四枚。"1903 年起，先生便翻译国外的儿童文学和儿童研究作品，到 1935 年计九种（见本书引言所列篇目）。另外，1929 年校改了由许广平翻译的德国女作家海尔密尼亚·至尔·妙伦的童话集《小彼得》。1936 年校阅了曹靖华翻译的苏联儿童文学作家盖达而的中篇小说《远方》。

先生 1922 年在《〈爱罗先珂童话集〉序》中指出：

我觉得作者所要叫彻人间的是无所不爱，然而不得所爱的悲哀，而我所展开他来的是童心的，美的，然而有真实性的梦。

先生在这里阐述了童话的本质。童话体现童心，是美的，是梦，却具有真实性。联想到作者爱罗先珂：

这梦，或者是作者的悲哀的面纱罢？那么，我也过于梦梦了，但是我愿意作者不要出离了这童心的美的梦，而且还要招呼人们进向这梦中，看定了真实的虹，我们不至于是梦游者（Somnambulist）。

在先生看来，美的梦或许掩盖了作者内心的悲哀，但却希望他"不要出离了这童心的美的梦"，不仅如此，还希望他"招呼人们进入这梦中"，"看定了"这是真实的彩虹。童话给人以美好的、且并不是虚无缥缈的理想信念。

先生在 1921 年发表的《〈池边〉译者附记》中说：

那是诗人（按：指爱罗先珂）的童话集，含有美的感情与纯朴的心。

先生在这里揭示了优秀童话作者的两个特质，一是含有"美的感情"，二是含有"纯朴的心"。先生 1931 年在翻译匈牙利诗人裴多菲·山陀尔的长篇童话叙事诗《〈勇敢的约翰〉校后记》中说：

这一篇民间故事诗，虽说事迹简朴，却充满着儿童的天真……

先生在这里谈了童话的一个重要特点，即"充满着儿童的天真"。先生还谈到，自己之所以"要尽微末之力"翻译外国童话，原因之一是童话读者"并不专限于儿童"，"连老人和成人"都可以读的。

（2）呕心沥血翻译外国童话

先生 1927 年在《〈小约翰〉引言》中写道：

我也不愿意别人劝我去吃他所爱吃的东西,然而我所爱吃的,却往往不自觉地劝人吃。看的东西也一样,《小约翰》即是其一,是自己爱看,又愿意别人也看的书,于是不知不觉,遂有了翻成中文的意思。这意思的发生,大约是很早的,因为我久已觉得仿佛对于作者和读者,负着一宗很大的债了。

可见,先生对《小约翰》情有独钟。先生在 1926 年发表的《马上支日记》中,描述了他和齐寿山(德国柏林大学毕业,曾任北洋政府教育部佥事、视学)共同翻译《小约翰》的情景。大约 20 年前,先生在东京的旧书店买到几十本旧的德国文学杂志,其中有《小约翰》的介绍和作者的评传,觉得有趣,想译,但力不从心。后来也常常想译,但总为别的事岔开,直到 1925 年才下决心译,而不料疑难处多,还是没有这力。问齐寿山可肯同译,他答应了,于是就开手译,并约定在暑假期内译完。先生在《〈小约翰〉引言》中,记载了他和齐寿山的合作翻译进行得相当辛苦。有时很快,有时争执得很凶,有时商量,有时谁也想不出适当的译法。直译得头昏眼花。先生对《小约翰》具体的出版事务也非常用心。他 1927 年 10 月 4 日给台静农、李霁野的信中,专门谈到如何精挑细选作者的肖像和该书插图的印样。同年 10 月 20 日和 1928 年 1 月 31 日给李霁野的信中,专门谈了关于做封面铜版包括选色和书的装订事宜。可谓一丝不苟。

先生翻译外国童话投入了多大心血,我们还可以从他翻译班台莱耶夫的中篇童话《表》中看出。先生 1935 年 1 月 4 日给萧军、萧红的信中写道:"新年三天,译了六千字童话(按:指《表》),想不用难字,话也比较的容易懂,不料竟比做古文还难,每天弄到半夜,睡了还做乱梦"。1 月 21 日,先生又在给萧军、萧红的信中说:"前几天的病,也许是赶译童话的缘故,十天里译了四万多,以现在的体力,好像不能支持了。但童话却已译成，这是流浪儿出身的 Panterejev（按：班台莱耶夫）做的，很有趣，假如能够通过，就用在《译文》第二卷第壹号（三月出版）上，否则，我自己印行。"假如通不过，就"自己印行"，可见先生决心之大。

先生 1935 年 3 月 16 日给黄源的信中说：《表》通过了。5 月 28 日先生给黄源的信中专门谈了《表》的校对问题，指出"错字还多，且有改动处"，表示自己最好能够将四校再看一遍。先生感叹道："'校对'实是一个问题，普通是只要校者自己觉得看得懂，就不看原稿的，所以有时候，译者想了许多工夫，这才决定了的字，会错得大差其远，使那时的苦心经营，反而成为多事。所以，我以为凡有稿子，最好是译作者自己看一遍。"先生 1935 年 12 月 29 日给王冶秋的信中，也谈了"《表》的译文，因匆匆写完，可改之处甚多"，并且说改起来很不容易。同年 7 月 30 日，先生在给黄源的信中，专门谈了《表》的印刷问题，指出在中国要印一本像样的书"是没有法子办的"，产生了或者将来向书店借得纸版，"自己去印他百来本"的念头。

除了翻译外国童话，先生还校阅过一些外国儿童文学作品。先生 1936 年 3 月发表于《译文》月刊的《〈远方〉按语》，谈他校阅翻译家曹靖华翻译的苏联作家盖达尔所作中篇小说《远方》说："这一篇写乡村的改革中的纠葛，尤其是儿童的心情：好奇，向上，但间或不免有点怀旧。法捷耶夫（按：苏联作家）曾誉为少年读物的名篇。"先生颇看重《远方》，认为它自有"儿童年"以来，"恐怕是在《表》以后我们对于少年读者的第二种好的贡献了"。

（3）"中国所出版的童话，实在应该加一番整顿"

先生关注中国自身的童话出版，他 1933 年 3 月 10 日给赵家璧的信中说：

中国所出版的童话，实在应该加一番整顿，但我对于此道，素未留心，所以材料一点也没有，所识的朋友中，也不记得有搜集童话，俟打听一下再看罢。

先生借用日本作家对日本童话的批评性评价，来批评中国童话。他在《〈表〉译者的话》中说道：

当翻译的时候，给了我极大帮助的，是日本槙本楠郎（按：日本儿童文学作家）的日译本：《金时针》。

"极大帮助"何在呢？先生说："《金时针》上有一篇译者的序言，虽然说的是针对着日本，但也很可以供中国读者参考的。"先生首先摘录了序言以下一段：

人说，点心和儿童书之多，有如日本的国度，世界上未必再有了。然而，多的是吓人的坏点心和小本子，至于富有滋养，给人益处的，却实在少得很。所以一般的人，一说起好点心，就想到西洋的点心，一说起好书，就想到外国的童话了。

"富有滋养，给人益处"的童话"实在少得很"。那么，多的是什么呢？多的几乎都是外国童话的旧作品，"大抵是长大了的阿哥阿姊的儿童时代所看过的书，甚至于还是连父母也还没有生下来，七八十年前所作的，非常之旧的作品"。"旧的作品中，虽有古时候的感觉、感情、情绪和生活，而像现代的新的孩子那样，以新的眼睛和新的耳朵，来观察动物，植物和人类的世界者，却是没有的。"先生接着摘录了序言以下内容：

所以我想，为了新的孩子们，是一定要给他新作品，使他向着变化不停的新世界，不断的发荣滋长的。

槙本楠郎认为《金时针》"这一本书想必为许多人所喜欢"，因为它是"内容簇新，非常有趣，而且很有名声的作品"。然而，这毕竟是外国作品，所以纵使怎样出色，也总只显着外国的特色。所以译者希望"读者像游历异国一样，一面鉴赏着这特色，一面怀着涵养广博的智识，和高尚的情操的心情，来读这一本书。我想，你们的见闻就会更广，更深，精神也因此磨炼出来了。"先生在摘录之后说：

译成中文时，自然也想到中国。十来年前，叶绍钧先生的《稻草人》是给中国的童话开了一条自己创作的路的。不料此后不但并无蜕变，而且也没有人追踪，倒是拼命的在向后转。

先生当然反对向后转，当然期望中国童话在原已取得成绩的基础上实现新的蜕变。

3. 喜中有忧的当代少年读物

鲁迅早年指出"少年可读之书，中国绝少"，晚年则指出，少年读物多起来了但品质高的却很少。历史往往有类似处。1949 年至 1976 年，是我国自身少年读物相对少、对外国的少年读物又相对封闭的时期。改革开放 40 年来发生了巨变，现在的少年读物铺天盖地，本土的竞相争艳，外国的翻译出版极快，在竞争激烈的图书市场，少年读物长销不衰。最令人鼓舞的是，出现了一批优秀的儿童文学作家。2016 年 4 月，儿童文学作家、北京大学教授曹文轩获国际安徒生奖，是中国作家首次获此殊荣。

对当代中国孩子产生前所未有巨大影响力的是杨红樱，她的作品是名副其实的畅销书。童话系列、成长小说系列、《淘气包马小跳》系列、《笑猫日记》系列，成为代代相传的原创经典少年读物，并不断有新作问世。我读杨红樱作品，时而被感动，时而引发思考。我觉得她的作品走向真实的孩子世界，充满着对孩子的爱和理解。同时，她针对中国教育的弊病，用文学形式进行批判——这种批判比理论批判的影响大得多。有人这样评价杨红樱:"从她开始,中国儿童文学开始全面深入地契合到中国孩子的生活与心灵中,她因此也便成为了这个时代当之无愧的童心代言人"。(马小跳的出现)"标志着中国儿童观的解放已步入了一个新的历史时期"①。我觉得杨红樱作品中所体现的儿童观,与鲁迅的儿童观是一脉相承的。

但是,像杨红樱、曹文轩这样的儿童文学作家毕竟不多,在少年中产生重要影响的作品还太少。少年读物良莠不齐,品质不够高的还大量充斥市场,使许多家长在选择上往往无所适从。对少年读物的文学批评较少,尤其是高水平的批评更是凤毛麟角。对少年的阅读辅导开展得不够。怎么处理纸质阅读和网络阅读的关系,也越来越成为一个无法回避的重大课题。

---

① 杨红樱著、李莉芳评:《杨红樱作品中的教育观·个性教育篇》,长江文艺出版社 2013 年版,前言第 4 页。

"无情未必真豪杰，怜子如何不丈夫"

海婴出生，使鲁迅许广平夫妇有了践行自己儿童观的机会。我们现在所能看到的他们的育儿实践，主要记载于鲁迅的日记和书信中，先生的文章中也有少量记载，还有些散见于许广平、周海婴和友人的回忆录中。我把这方面的内容大致梳理一遍后的感受是：先生毕竟不是像玛丽娅·蒙台梭利那样专门从事儿童教育的大家，作为一个文

学家、思想家，先生虽然有先进的儿童观，然而自己真正做起来，也免
不了遇到不少困惑和烦恼，用他 1935 年 9 月 1 日给萧军信中的话来说：
"我对付自己的孩子，也十分吃力。"加上先生逝世时海婴还年幼，儿童
观的许多思想还未及进一步实践。但即便如此，先生夫妇在海婴身上还
是相当不错地践行了自己的儿童观。

一、"其实是爱他的"

1927 年 8 月初，鲁迅准备离开广州赴上海。但正遇太古轮船公司船员
罢工，想改坐邮船或从香港转，"则行李太多，很不便"。待船员复工，已
是 9 月下旬。9 月 27 日下午，先生偕夫人从广州乘"山东"号，途经香港、
汕头，于 10 月 3 日午后抵达上海。此后即定居上海，住横浜路景云里。一
年多后，夫人得孕，先生关爱有加。他乘火车去北京探望生病的母亲，没
让夫人同去，因为他认为当时的火车"这种震动法，于乖姑（按：先生对
夫人的爱称）是不相宜的"。在途中，他就给夫人写信，叮嘱她要注意"保
养自己"。到京后，又在信中反复关照，希望她"善自消遣，能食能睡"。

1. 出生和取名

据鲁迅日记载，1929 年 9 月 26 日下午"送广平入福民医院"，先
生"夜在医院"，27 日"晨八时广平生一男孩"。先生 27 日给谢敦南的
信中，较详细记述了这方面情况："广平于九月廿六日午后三时腹痛，
即入福民医院，至次日八时生一男孩。大约因年龄关系，而阵痛又不逐
渐加强，故分娩颇慢。幸医生颇熟手，故母子均极安好。"据许广平回
忆，生产不算太顺利，在产钳钳出之前，孩子的心音听起来只有 16 下，

140　并且逐渐少下去了，甚至连濒死前的污便也下来了。医生征求鲁迅的意见："留小孩还是留大人？"他不假思索地回答："留大人！"幸运的是，这倒使母子两条生命都保存下来了。9月26日至10月10日，先生每天去医院看望，直到夫人和孩子出院。

先生在同年10月1日的日记中，记载了为孩子取名的情况："下午往福民医院，与广平商定名孩子曰海婴。"对此，许广平1939年写的《鲁迅先生与海婴》作了详细描述："十月一日的早晨，往常这时候鲁迅先生多未起床的，但是自从小孩生下来之后，每天九时左右他就来了。很悠闲地谈话，问到我有没有想起给他起个名字，我说没有。他说：'想倒想起两个字，你看怎样？因为是在上海生的，是个婴儿，就叫他海婴。这名字读起来颇悦耳，字也通俗，但绝不会雷同。译成外国名字也简便，而且古时候的男人也有用婴字的。如果他大起来不高兴这个名字，自己随便改过也可以，横竖我也是自己在另起名字的，这个暂时用用也还好。'""他是这样不肯自专自是，对我和小孩。我自然十分佩叹于他的精细周到，同意了的。从此这就算是孩子的命名了。"①

关于名字，海婴6岁时曾真提出过要改。先生1935年10月29日给萧军的信中说："他（按：指海婴）现仍在幼稚园，认识了几个字，说'婴'字下面有'女'字，要换过了。"以后没有改，当是海婴长大后，认识到这是父亲给他起的一个不错的名字吧。

2. 带孩子真的好辛苦

1929年10月10日，鲁迅同三弟周建人、弟媳王蕴如，接许广平

---

① 周令飞主编、葛涛编选：《鲁迅零距离》，人民文学出版社2012年版，第247、578页。

及海婴出院。从此后，先生夫妇就进入了带孩子的岁月。虽然带孩子大多是许广平的事，还请了保姆，但作为父亲，先生也尽可能地投入了精力。他感到压力很大。让我们以时间为序，看看先生是怎么说的。

1929年10月26日，海婴满月。先生给章廷谦的信中说："当出院回寓时，已经增添了一人，所以势力非常膨胀，使我感到非常被压迫，现已逃在楼下看书了。"1930年11月19日给崔真吾的信中说："海婴已出了三个半牙齿，能说的话还只三四句，但却正在学走，滚来滚去，领起来很吃力。"此时海婴一周岁多一点，不能脱人。

先生1934年2月12日给日本友人增田涉的信中说："海婴很健康，但又非常捣蛋，在家时常有暴动之虑，真难办。"同年5月29日给母亲的信中说："海婴日见长大，自有主意，常出门外与一切人捣乱，不问大小，都去冲突，管束颇觉吃力耳。"同年6月18日给台静农的信中说："孩子渐大，善于捣乱，看书功夫，多为所败，从上月起，已明白宣言，以敌人视之矣。"同年7月30日给母亲的信中说："海婴因大起来，心思渐野，在外面玩的时候多，只在肚饥之时，才回家里，在家里亦从不静坐，连看看也吃力的。"同年8月21日给母亲的信中说："他（按：指海婴）大约总不会胖起来。他每天约七点钟起身，不肯睡午觉，直至夜八点钟，就没有静一静的时候。要吃东西，要买玩具，闹个不休。客来他要陪（其实是来吃东西的），小事也要管，怎么还会胖呢。他只怕男一个人，不过在楼下闹，也仍使男不能安心看书，真是没有法子想。"海婴3、4岁，似懂非懂、很顽皮，很难带。先生不能像过去那样安心看书了，即使一个在楼上一个在楼下。

先生1934年12月6日给萧军、萧红的信中说："我们有了孩子以后，景宋（按：即许广平）几乎和笔绝交了"。1935年3月23日给许寿裳的信中说："敷衍孩子，译作，看稿，忙而无聊，在自己这方面，几乎毫无生趣耳。"同年 6 月 7 日给萧军的信中说："（孩子大了起来）越加捣乱，出去，就惹祸"，"但在家里，却又闹得我静不下，我希望他快过二十岁，同爱人一起跑掉，那就好了。"同年 7 月 29 日给萧军的信中说："添油的人，我觉得实在少，连孩子来捣乱，也很少有人来领去，给我安静一下，所以我近来的译作，是几乎没有一篇不在焦躁中写成的，这情形大约一时也不能改善。"海婴 5 岁，更加顽皮了，家中少有安静的时候，先生对于处理写稿、看稿与带孩子的矛盾颇感烦恼。年过半百，希望得到他人帮助（用先生的话来说叫做"添油"），但这样的人"实在少"。夫人则更受影响。

先生 1936 年 1 月 17 日给沈雁冰的信中说："从下星期一起，敝少爷（按：指海婴）之幼稚园放假两星期，全家已在发愁矣。"同年 2 月 1 日给母亲信中说："海婴亦好，整日在家里闯祸，不是嚷吵，就是敲破东西，幸而再一个礼拜，幼稚园也要开学了，要不然，真是不得了。"这时，海婴 6 岁。

先生的上述感慨，有些是直白，如"领起来很吃力""管束颇觉吃力""连看看也吃力的""十分吃力"。更多的，则往往带有夸张和幽默的色彩，如"势力非常膨胀""我感到非常被压迫""以敌人视之""希望他快过二十岁，同爱人一起跑掉"等等。然而有一点是确定的，那就是带孩子真是好辛苦。

对此，先生在给曹靖华和萧红、萧军的信中，谈了自己一种矛盾的心理状态："一有儿女，在身边则觉其烦，不在又觉寂寞"，"真是无法可想"。"至于孩子，偶然看看是有趣的，但养起来，整天在一起，却真是麻烦得很。"先生是现代中国新儿童观的开拓者之一，自己有了孩子，当然想努力实践一番。然而，先生当时带孩子的客观条件却有特殊之处。海婴出生时先生 48 岁，可谓老来得子，加上身体一直不是很好，

又始终在紧张工作中。所以产生上述矛盾心理，完全可以理解。如果年 143
轻一点，身体好一点，处理带孩子和工作的矛盾，可能相对容易些。但
也只能说"相对容易"，而无法回避辛苦。这本就是健全人生的一大
课题。

3. 生育观的变化和"孺子牛"态度

鲁迅 1931 年 3 月 6 日和 4 月 15 日给李秉中的信中，结合自己的实
际，谈了对生育子女的看法。3 月 6 日的信中，在谈到"孩子生于前年
九月间"后，说："我不信人死而鬼存，亦无求于后嗣，虽无子女，素
不介怀。后顾无忧，反以为快。今则多此一累，与几只书箱，同觉笨
重，每当迁徙之际，大加擘画之劳。但既已生之，必须育之，尚何言
哉。"4 月 15 日的信中说："生今之世，而多孩子，诚为累坠之事，然
生产之费，问题尚轻，大者乃在将来之教育，国无常经，个人更无所措
手，我本以绝后顾之忧为目的，而偶失注意，遂有婴儿，念其将来，亦
常惘怅，然而事已如此，亦无奈何，长吉（按：唐朝诗人李贺，字长
吉）诗云：已生须已养，荷担出门去，只得加倍服劳，为孺子牛耳，尚
何言哉。"这两封信告诉我们，先生原本不想要孩子，因为他觉得教育
孩子是一件大事，特别是在变化多端的中国社会，有了孩子就有了后顾
之忧。在"偶失注意"（避孕失败）的情况下有了孩子，一下子觉得增
添了很大压力，大到与工作同重，他为孩子的将来感到惘怅。但既然有
了孩子，先生的态度就是"加倍服劳，为孺子牛耳"，没什么话好说了。

应该看到，先生的实际态度比这封信所述要积极，他对孩子有着深
情。1932 年 11 月他去北京探望母亲，到京当天给夫人的信中就写道：
"你及海婴好吗，为念。"第三天给夫人的信中又道："海婴近如何，仍
念。"在京 16 天给夫人写了七封信，每封信都提到海婴或与海婴相关。

144   1932 年先生写下的《自嘲》诗里，就有了以后家喻户晓的那两句诗："横眉冷对千夫指，俯首甘为孺子牛。"1942 年毛泽东在延安文艺座谈会上的讲话中，把这两句诗作了创意的诠释，说："鲁迅的两句诗，'横眉冷对千夫指，俯首甘为孺子牛'，应该成为我们的座右铭。'千夫'在这里就是说敌人，对于无论什么凶恶的敌人我们决不屈服。'孺子'在这里就是说无产阶级和人民大众。一切共产党员，一切革命家，一切革命的文艺工作者，都应该学鲁迅的榜样，做无产阶级和人民大众的'牛'，鞠躬尽瘁，死而后已。"①但这并不妨碍我们同时把这两句诗解说为：这是先生边独立艰苦工作边深情养育孩子的诗情写照。

先生不想要孩子的想法，以后发生了变化。日本友人长尾景和在他的回忆录里，引用的先生这样一段话可以为证："我本来想过独身生活，因为如果有了孩子，就会对人生有所牵挂，可是现在我的思想成熟了，觉得应该像这样生活。"②在这里，先生把过去自己想过独身生活的观点，视为思想不成熟。怎么理解呢？因为结婚生子，是顺应自然规律，也是顺应社会发展的一般规律。

1932 年先生写有《答客诮》诗曰："无情未必真豪杰，怜子如何不丈夫。知否兴风狂啸者，回眸时看小於菟。"据当天的先生日记载，这首诗是写给作家郁达夫的。诗说英雄豪杰、大丈夫并非无情，而是有着炽热的爱子真情的。前两句直白，后两句以虎作比喻：要知道兴风狂啸的猛虎，也是常常回过头去看小老虎的。许寿裳解释道："这大概是为他的爱子海婴活泼会闹，客人指为溺爱而作。"③

---

① 《毛泽东选集》第三卷，人民出版社 1992 年版，第 877 页。
② 周令飞主编、葛涛编选：《鲁迅零距离》，人民文学出版社 2012 年版，第 247、578 页。
③ 转引自倪墨炎著：《鲁迅旧诗浅说》，上海人民出版社 1977 年版，第 149 页。

先生在《从孩子的照相说起》中这样描述父子关系："他（按：指海婴）有时对于我很不满，有一回，当面对我说：'我做起爸爸来，还要好……'甚而至于颇近于'反动'，曾经给我一个严厉的批评道：'这种爸爸，什么爸爸!?'""我不相信他的话。做儿子时，以将来的好父亲自命，待到自己有了儿子的时候，先前的宣言早已忘得一干二净了。况且我自以为也不算怎么坏的父亲，虽然有时也要骂，甚至于打，其实是爱他的。所以他健康，活泼，顽皮，毫没有被压迫得瘟头瘟脑。如果真的是一个'什么爸爸'，他还敢当面发这样反动的宣言么？"先生用戏谑的语言，写下了海婴的淘气和自己的评论，其中最重要的，无疑是"其实是爱他的"一句，以及与此相关的颇为自得的抚育效果——海婴"健康，活泼，顽皮，毫没有被压迫得瘟头瘟脑"。

先生 1932 年 6 月 28 日给增田涉的信中说："我为这孩子（按：指海婴）颇忙，如果对父母能够这样，就可上二十五孝了。"1935 年 3 月 19 日给萧军的信中，说了自己对海婴的"屈服"："我对别人就从来没有这样屈服过。"同年 9 月 1 日给萧军的信中又说："孩子有时是可爱的，但我怕他们，因为不能和他们为敌，一被缠，即无法可想，例如郭林卡（按：苏联作家班台莱耶夫的中篇童话《表》的主人公）也。""颇忙""可爱"与"被缠"交织在一起，是先生的切身感受。"对别人就从来没有这样屈服过"，那是对孩子才有的爱心，说"可上二十五孝了"，足以证明先生夫妇抚育孩子是尽心竭力的。先生 1935 年 3 月 13 日给萧军、萧红的信中，似乎对自己的做法找了理论依据："'父爱'也一样的，倘不加判断，一味从严，也可以冤死了好子弟"。

先生 1934 年 7 月 30 日给母亲的信中，谈到用女工的事："女工又换了一个，是绍兴人，年纪很大，大约可以做得较为长久；领海婴的一个则照旧，人虽固执，但从不虐待小孩，所以我们是不去回复他的。"

146　对带孩子的女工，以对孩子好不好为主要标准，直接体现了先生"幼者为本"的思想。

二、"既已生下，就要抚育"

鲁迅 1932 年 11 月 7 日给日本友人山本初枝的信中说："孩子是个累赘，有了孩子就有许多麻烦。你以为如何？近来我几乎终年为孩子奔忙。但既已生下，就要抚育。换言之，这是报应，也就无怨言了。"那些年，先生在动荡不定的中国社会中生活，可以想象，带孩子的难和累超出正常境况。但先生清醒地意识到，这是自己的责任，没什么可埋怨的。那么，先生是如何"几乎终年为孩子奔忙"的呢？

先生 1930 年 2 月 22 日给章廷谦的信中，有海婴初生时喂养情况的介绍："海婴，我毫不佩服其鼻梁之高，只希望他肯多睡一点，就好。他初生时，因母乳不够，是很瘦的，到将要两月，用母乳一次，牛乳加米汤一次，间隔喂之（两回之间，距三小时，夜间则只吃母乳），这才胖起来。米之于小孩，确似很好的，但粥汤似比米糊好，因其少有渣滓也。"

1932 年 3 月 20 日给母亲的信中，也说到海婴的饮食情况："现在胃口很好""且喜吃咸，如霉豆腐，盐菜之类"。"现已大抵吃饭及粥，牛乳只吃两回矣。"如此详实的介绍，是亲力亲为，至少是亲身经历者，才有的。介绍中，还体现了先生"健康重于容貌"的观点和科学育儿理念。

先生在 1930 年 1 月 6 日、13 日日记中，有请人为海婴沐浴的记载。1 月 6 日记："上午往福民医院，邀杨女士为海婴洗浴。"13 日记："晚杨先生来为海婴沐浴"。据许广平回忆，开始是他们夫妇严格按照育儿书上介绍的方法步骤，自己动手为孩子洗澡的，但实在没有给新生儿洗澡的经验，差一点让孩子受凉感冒了，才专门请人来洗。

海婴出生后的先生日记和书信中，有不少与海婴身体健康状况相关的记载。1929 年 10 月 18 日，海婴出生不满一个月日记，便有带他去医院检查的记载："上午携海婴往福民医院检查，无病，但小感冒。"日记记载，至同年 12 月 4 日，先生或先生夫妇八次携海婴往福民医院检查——或称"诊察""诊"。海婴整个幼儿时期，先生夫妇很多次带他往福民医院或其他医院就诊，有时请医生上门为海婴看病。1930 年 7 月就有 12 次，1932 年 10 月更多达 14 次。

先生在日记和书信中，记载了为海婴种牛痘的情况。1930 年 1 月 31 日记："上午同广平携海婴往福民医院种牛痘。"同年 2 月 6 日记："上午同广平携海婴往福民医院诊视牛痘，计出三粒，极佳。"1935 年 2 月 28 日记："上午同广平携海婴往须藤医院种痘。"同年 3 月 1 日给母亲的信中写道："海婴也很好，大家都说他大得快；今天又给他种了一回牛痘，是第二回了。"

先生书信中，有给海婴吃保健品的内容。1934 年 4 月 13 日给母亲的信中说："医生在给他吃一种药丸，每日二粒，云是补剂，近日胃口极开"。同年 10 月和 12 月的书信中，有给海婴吃鱼肝油的内容。10 月 30 日给母亲的信中说："（海婴）现身体亦好，因为将届冬天，所以遵医生的话，在吃鱼肝油了。"12 月 6 日给母亲的信中说："海婴很好，因为医生说给他吃鱼肝油（清的），从一月以前起，每餐后就给他吃一点，腥气得很，而他居然也能吃。现在胖了，抱起来，重得像一块石头，我们现在才知道鱼肝油有这样的力量"。

先生书信中，谈到给海婴晒太阳的情况。1934 年 4 月 13 日给母亲的信中说："医生又谓在今年夏天，须令常晒太阳，将皮肤晒黑，但此事须在海边或野外，沪寓则殊不便，只得临时再想方法耳"。同年4月25日给母亲的信中又说："今年夏天，拟设法令其晒太阳，则皮肤可以结实，冬天不致于受寒了。"1935年7月17日给母亲的信中说："现每日上午，令裸体晒太阳一点钟"。同年7月27日给萧军的信中说："每天上午，勒令孩子裸体晒太阳半点钟，现在他痱子最少，你想这怪不怪。"晒太阳，现在的时髦话就是"日光浴"。

先生1934年7月12日给母亲的信中，还有高温季节照料海婴的内容："上海今年夏天之热，真是利害"，"但海婴却好的，夜里虽然多醒一两次，而胃口仍开，活泼亦不减，白天仍然满身流汗的忙着玩耍。现于他的饮食衣服，皆加以小心"。

先生书信中，还记了海婴被烫伤及其处理的情况。1935年3月17日给萧红的信中说："前天，孩子的脚给沸水烫伤了，因为虽有人，而不去照管他。伤了半只脚，看来要有半个月才会好。"两天后（3月19日）给萧军的信中说得很具体了："这回孩子给沸水烫伤，其实倒是太阔气了的缘故，并非没有人管，是有人而不管他。寓里原有一个管他的老妈子，她这几天因为要去求神拜佛，访友探亲，便找了一个替工。那天是他们俩都在的，不过她以为有替工在，替工以为有她在，就两个都不管，任凭孩子奔进厨房去捣乱，弄伤了脚。孩子也太淘气，一不留意，他就乱钻，跑得很快，人家有时也实在追不上。痛一下子也好，我实在看得麻烦极了，痛的经验是应该有一点的，但我立刻给敷了药，恐怕也不怎么痛，现在肿已退，再有十天总可以走得路，只要好后没有疤痕，我的责任算是尽了。"海婴烫伤事先生没有告诉母亲，为了不让老人担心吧。值得注意的是，先生在这里提出了一个观点，那就是，对于孩子来说，"痛的经验是应该有一点的"。安全无疑极为重要，是第一位的。不安全因素很多，稍不注意就可能酿成大祸，后悔都来不及。但因此而不敢让孩子活动，就走极端了，还是要鼓励孩子多活动。难免的小的碰碰磕磕，有点"痛的经验"，对孩子成长也有益处。

先生书信中，反复讲了有关为海婴健康而乔迁的事。1932 年 12 月 19 日给增田涉的信中说："入秋以来，孩子常常生病，令人操心，至今仍在服药，肠炎似已变成慢性。现在我的住所空气虽不太坏，但阳光照不进屋，很不好。俟来年稍暖和时，拟即搬家。"1933 年 4 月 2 日给增田涉的信中说："这次要搬个朝南的房子，离内山书店也不远。"经过五个月左右费心奔波，乔迁终于成功。1933 年 5 月 11 日先生家自北川公寓（即北四川路拉摩斯公寓，1930 年 5 月先生家从景云里迁居该公寓）迁至施高塔路大陆新邨第一弄九号。先生同月 19 日给内山嘉吉的信中说："我们原来住的房子朝北，对孩子不适宜，已在一周前迁至施高塔路"。同年 6 月 25 日给山本初枝的信中说："搬家后孩子似乎很好，很活泼，肤色也变黑了。"同年 4 月 16 日、5 月 10 日给许寿裳信中说："迁寓已四日，光线较旧居为佳"。"新寓空气较佳，于孩子似殊有益"。同年 10 月 21 日给曹靖华的信中说："孩子先前颇弱，因为他是朝北的楼上养大的，不大见阳光，自从今春搬了一所朝南房子后，好得多了。"

1932 年 1 月 28 日驻沪日军突然进攻上海闸北中国驻军的"一·二八"事变爆发，先生寓所突陷火线中。30 日先生日记记载："全寓中人迁避内山书店"，至 3 月 19 日迁返原寓。期间，先生 3 月 15 日给许寿裳的信中说："在漂流中，海婴忽生疹子，因于前日急迁至大江南饭店，冀稍得温暖，现视其经过颇良好"。先生 3 月 20 日给李秉中的信中说："任其风吹日炙，不与诊视，而竟全愈，顽健如常"。

以上事实足以证明，先生在抚育孩子方面下了真功夫。

三、 给孩子一个快乐的童年

　　多半与鲁迅自己童年的切身感受相关，先生夫妇抚育海婴，在尽心尽力满足海婴物质生活需求的基础上，充分理解孩子爱玩的天性，在丰富海婴的精神生活方面动了不少脑筋。

1．玩耍和游戏

　　鲁迅书信中，有不少关于海婴玩耍、游戏的记载。1932 年 7 月 2 日给母亲的信中说："（海婴）他很喜欢玩耍，日前给他买了一套孩子玩的木匠家生，所以现在天天在敲钉，不过不久就会就要玩厌的。近来也常常领他到公园去，因为在家里也实在闹得令人心烦。"

　　1932 年 11 月，先生去北京。在京期间抽空为海婴买玩具。11 月 23 日给许广平的信中说："有否玩具可得，拟至西单市场一看再说，但恐必窳劣，无佳品耳。"两天后（11 月 25 日）给许的信中说："西单商场很热闹了，而玩具铺只有两家，'雪景'无之，他物皆恶劣，不买一物，而被扒弄窃去二元余，盖我久不惯于围巾手套等，万分臃肿，举动木然，故贼一望而知为乡下佬也。现但有为小狗屁而买之小物件三种，皆得之商务印书馆"。先生日记中，还有为海婴买"玩具小火车""组合玩具""陀螺二个""木工道具一匣"等记载。

　　先生书信和日记中，有不少友人送玩具给海婴的记载。有三弟周建人夫妇和友人许寿裳、萧军、萧红、茅盾、徐诗荃、维宁夫妇、费慎祥等送的，有日本友人内山完造夫妇、山田女士、山本夫人、米田登代子夫妇、长谷川、镰田夫人、得辛岛骁等送的。从玩具种类看，有玩具飞机、火车、汽车、电车、摩托车、帆船，有积铁成象、积木、气枪、口琴、望远镜、惠山泥制玩具，有儿童脚踏车等。可见，海婴的玩具很不少、很不错。

海婴喜欢拆玩具。先生 1933 年 12 月 19 日给母亲的信中说："海婴仍不读书，专在家里捣乱，拆破玩具，但比上半年懂事得多，且较为听话了。"1935 年 12 月 21 日给母亲的信中说："男的朋友，常常送他玩具，比起我们的孩子时代来，真是阔气得多，但因此他也不大爱惜，常将玩具拆破了。"其实，拆玩具，除了"不太爱惜"外，还有海婴爱探索的特点所致。

几十年后，周海婴在回忆录中，谈了自己喜欢拆玩具的故事："我幼时的玩具可谓不少，但我却是个玩具破坏者，凡是能拆卸的都拆卸过。目的有两个：其一是看看内部结构，满足好奇心；其二是认为自己有把握装配复原。所以，我在一楼的玩具柜里，除了实心木制拆卸不了的，没有几件能够完整活动。但父母从不阻止我这样做。"①

当然，玩耍不能只在家里玩玩具，还要到户外去。先生 1932 年 10 月 9 日日记载："游儿童公园"，当然是带海婴去的。1934 年 4 月 15 日日记载："广平携海婴等游城隍庙。"夏天的上海很热，夜晚，先生夫妇会带海婴散步，先生 1932 年 7、8 月的日记，有"夜同广平携海婴散步"的内容。8 月 7 日日记还载："夜同广平携海婴坐摩托车向江湾一转。"这该是当时颇时髦的玩法了。

海婴大些了，自己出去玩。先生 1933 年 7 月 11 日给母亲的信中说："海婴是更加长大了，下巴已出在桌面之上，因为搬了房子，常在明堂里游戏，或到田野里去，所以身体也比先前好些。"1935 年 7 月 17 日给母亲的信中说："海婴亦健，他每到夏天，大抵壮健的，虽然终日遍身流汗，仍然嬉戏不停，现每日上午，令裸体晒太阳一点钟，余则任其自由玩耍。"

---

① 周海婴著：《鲁迅与我七十年》，文汇出版社 2006 年版，第 23 页。

　　1933 年 1 月 25 日是农历除夕，先生邀请冯雪峰吃了年夜饭后，"买花爆十余，与海婴同登屋顶燃放之"。52 岁的先生与 3 岁多一点的儿子共迎新年到来。

2. 听故事，观影剧和展览，识字

　　先生书信和日记中，有自己为海婴买图画书、留声机和友人送童话书、图画书、绘本、纸质唱片、留声胶片给海婴的记载。茅盾、许寿裳、李小峰、曹靖华、楼适夷和日本友人都送过。鲁迅给母亲的信中，有为海婴讲故事的内容。1933 年 11 月 12 日的信中说："海婴很好，脸已晒黑，身体也较去年强健，且近来似较为听话，不甚无理取闹，当因年纪渐大之故，惟每晚必须听故事，讲狗熊如何生活，萝卜如何长大等等，颇为费去不少工夫耳。"1934 年 5 月 4 日的信中说："海婴则日渐长大，每日要讲故事，脾气已与去年不同，有时亦懂道理，容易教训了。"

　　先生的书信和日记中，有不少他们夫妇携海婴看电影的记载。先生日记中关于他和夫人携海婴看电影的记载，最早的一次是 1933 年 12 月 23 日："携海婴往光陆大戏院观儿童电影《米老鼠》及《神猫艳语》"。这是美国迪斯尼拍的动画片。最后一次是 1936 年 10 月 10 日："午后同广平携海婴并邀玛理往上海大戏院观《Dubrovsky》（按：中译名《复仇艳遇》），甚佳。"期间记载观看的影片有 30 多部，大多是美国好莱坞、华纳兄弟影片公司、米高梅影片公司、福克斯影片公司拍的，少量是苏联拍的。从影片的题材看，大致分五类。一类是儿童片，那时不多，主要就是米老鼠系列。第二类是根据世界名著拍摄的经典片，如根据莎士比亚同名戏剧改编的《仲夏夜之梦》、根据史蒂文生同名小说改编的《金银岛》、根据杰克·伦敦同名小说改编的《野性的呼声》和根

据普希金小说《杜布罗夫斯基》改编的《复仇艳遇》等。第三类是苏联故事片，不多，如《抵抗》《铁马》和《冰天雪地》等。第四类是探险片和科幻片，如《菲洲小人国》《降龙伏虎》《兽国寻尸记》《海底探险》《万兽女王》《龙潭虎穴》和《未来世界》等。第五类是喜剧片和歌舞片，如《四十二号街》《玩意世界》《从军乐》《恭喜发财》《古城末日记》《绝岛沈珠记》《铁血将军》《The Devil's Cross》和《冰天雪地》等。先生 1936 年 5 月 7 日给母亲的信中说："海婴很好，每日上学，不大赖学了，但新添了一样花头，是礼拜天要看电影"。

先生历来休闲时间少，休闲的主要方式是看电影。那个年代开始没有国产片，以后才初创，影片主要靠从美国进口。据先生日记载，先生夫妇看电影的频率比较高，但只挑选适合孩子的影片才带孩子一起看。有时候，吃不准是否适合孩子，自己看了后觉得适合，就带孩子再看一遍，譬如《金银岛》。看电影，对扩大孩子的视野颇有帮助。

先生日记中有携海婴观剧和展览的记载。1932 年 7 月 26 日记："同广平携海婴往青年会观春地美术研究所展览会。"1933 年 10 月 14 日记："下午同广平携海婴往木刻展览会（按：指"德俄木刻展览会"）。"同月 20 日记："午后同广平携海婴观海京伯兽苑（按：德国海京伯马戏团附设的兽苑）。"1934 年 2 月 4 日记："夜内山君（按：即内山完造，日本友人）及其夫人邀往歌舞伎座观志贺廼家淡海剧团（按：日本一个演出讽刺话剧的剧团，以志贺廼家淡海为首）演剧，广平携海婴同去。"10 月 28 日又记："夜内山君及其夫人邀往歌舞伎座观淡海剧，与广平携海婴同去。"1935 年 8 月 17 日记："广平携海婴""往上海大戏院观粤剧"。1936 年 2 月 23 记："同广平携海婴往青年会观苏联版画展览会"。观剧和展览，使海婴从小受到一些文化的熏陶。

关于教海婴识字，先生 1935 年 1 月 4 日给母亲的信中说："他

（按：指海婴）现在颇听话，每天也有时教他认几个字"。此时海婴5岁多了，照现在的眼光看不算早，先生夫妇在顺其自然中对海婴开蒙。

先生以平等和信任的态度对待海婴。许广平在回忆录中写道："如果我们错了，海婴来反驳，他是笑笑地领受的"。据萧红回忆，有一次吃鱼丸子，海婴说不新鲜，别人都不信，鲁迅把它拿过去尝尝，果然不新鲜。先生说："他说不新鲜，一定也有他的道理，不加查看就抹杀是不对的。"这是尊重孩子，保护孩子不说谎的童真。

3. 幼稚园和小学生活

送海婴去幼稚园，有一个酝酿和反复过程。鲁迅1933年7月11日给母亲的信中说："（海婴）能讲之话很多，虽然有时要撒野，但也能听大人的话。许多人说他太聪明，还欠木一点，男想这大约因为常与大人在一起，没有小朋友之故，耳濡目染，知道的事就多起来，所以一到秋凉，想送他到幼稚园去了。"

先生同年9月1日日记载："上午海婴往求知小学幼稚园。"9月29日给山本初枝的信中说："孩子偶尔还患感冒，但已较前几年结实多了。在家太闹，送进了幼稚园。但去了三四天，说先生不好，又不肯去。"也就是说，海婴4岁时进了幼稚园，但他认为老师不好，去了三四天就不肯去了，而先生夫妇也就不勉强他去。

先生1934年6月13日给母亲的信中，谈到对海婴上学的考虑："至于学校，则今年拟不给他去，因为四近实无好学校，有些是骗钱的，教员虽然打扮得很时髦，却无学问；有些是教会开的，常要讲教，更为讨厌。海婴虽说是六岁，但须到本年九月底，才是十足五岁，所以不如暂且任他玩着，待到足六岁再看罢。"同年10月20日给母亲的信中又说："海婴渐大"，"明年本该进学校了，但上海实在无好学校，所以想缓一年再说"。这是告诉我们，先生曾打算在海婴较小时就送他上学，由于找不到合适的学校，就没有送，"暂且任他玩着"。又过了一段时间，再送他进幼稚园。先生 1935 年 8 月 16 日给萧军的信中说："孩子已不肯晒太阳，因为麻烦，而且捣乱之至，月底决把他送进幼稚园去，关他半天。"先生同月 20 日日记中载："上午海婴往幼稚园上学。"此时，海婴快 6 岁了。

先生同月 24 日给萧军的信中说："孩子的幼稚园中，一共只有十多个人，所以还不十分混杂，其实也不过每天关他四个钟头，好给我清静一下。不过我在担心，怕将来会知道他是谁的孩子。他现在还不知我的名字，一知道，是也许说出去的。"同月 31 日给母亲的信中说："海婴亦好，但变成瘦长了。从二十日，已将他送进幼稚园去，地址很近，每日关他半天，使家中可以清静一点而已。直到现在，他每天都很愿意去，还未赖学也。"10 月 4 日给萧军的信中说："孩子到幼稚园去，还愿意，但我怕他说江苏话，江苏话少用 N 音结末，譬如'三'，他们说See，'南'，他们说 Nee，我实在不爱听。"同月 18 日给母亲的信中说："（海婴）已上幼稚园，但有时也要赖学，有时却急着要去"。11 月26 日给母亲的信中说："海婴仍上幼稚园，但原有十五个同学，现在已只剩下七个了。他已认得一百多个字，就想写信，附上一笺，其中有几个歪歪斜斜的字，就是他写的。"12 月 4 日给王冶秋的信中说："其实各种举动，皆环境之故，我的小孩，一向关在家里，态度颇特别，而口吻颇像成人，今年送入幼稚园，则什么都和普通孩子一样了，尤其是想在街头买东西吃。"这里分析了孩子上幼稚园的好处是让他接触其他孩子，使孩子像孩子。先生 1936 年 1 月 18 日日记载："上午海婴以第一名毕幼稚园。"可以想见，先生写下这句话时，心情是不错的。

先生 1936 年 2 月 15 日给母亲的信中说："海婴已上学，不过近地

156　的幼稚园，因为学生少，似乎未免模模糊糊，不大认真。秋天也许要另换地方的。"3月20日给母亲的信中说："海婴则甚好，胖了起来。但幼稚园中教师，则懒惰而不甚会教，远逊去年矣。"4月1日给母亲的信中说："海婴学校仍未换，因为邻近也没有较好的学校。但他身体很好，很长，在同学中，要高出一个头。也比先前听话，懂得道理了。"这里反映出，那个年代，上海的幼儿教育虽然已经开始发展，但水平尚低，要找到好的幼稚园很难。

　　先生1936年8月25日给母亲的信中说："海婴安好，瘦长了，生一点疮。仍在大陆小学，进一年级，已开学。学校办得并不好，贪图近便，关关而已。"这里告诉我们的信息是，海婴快7岁时上小学一年级了。

　　有鲁迅、许广平这样的父母，海婴的童年是幸福的。

四、"颇为淘气"和"性质还总算好的"

　　鲁迅评自己的儿子海婴，用得最多的词是"淘气"。先生给增田涉的信中多次说到海婴"淘气"，1933年7月11日信中说："那个'中国哥哥'海婴小家伙却很淘气，虽然不哭，可是爱闹，值得感谢的是幸而不常在家。"同年10月7日信中又说："海婴淘气得厉害，怕会闹家庭革命。"1934年6月7日信中说："我们都好，只有那位'海婴氏'颇为淘气，总是搅扰我的工作，上月起就把他当敌人看待了。"1935年6月22日信中说："孩子越来越淘气，真麻烦。"先生1934年7月30日给山本初枝的信中也说海婴"淘气"："我们的孩子也很淘气，仍是要吃的时候就来了，达到目的以后就出去玩，还发牢骚，说没有弟弟，太寂寞了，是个颇伟大的不平家。"

先生给萧军、萧红或单独给萧军的信中，也多次说海婴"淘气"。1934 年 11 月 20 日信中说："我的孩子足五岁，男的，淘气得可怕。"同年 12 月 20 日信中说："代表海婴，谢谢你们送的小木棒，这我也是第一次看见。但他对于我，确是一个小棒喝团员。他去年还问：'爸爸可以吃么？'我的答复是：'吃也可以吃，不过还是不吃罢。'今年就不再问，大约决定不吃了。"1935 年 1 月 4 日信中说："过了一年，孩子大了一岁，但我也大了一岁，这么下去，恐怕我就要打不过他，革命也就要临头了。这真是叫作怎么好。"

在先生不无幽默又颇感无奈地称海婴"淘气得厉害"中，可见先生夫妇对孩子不加压制的特点。据许广平回忆，先生对于海婴的教育是顺其自然的，"极力不多给他打击，甚或不愿多拂逆他的喜爱，除非极不能容忍，极不合理的某一程度之内"。

淘气是孩子的天性，是孩子生命力的具体体现，每一个孩子都应该是淘气的。如果压抑了这种天性，孩子的生命力就萎缩了。如果我们以欣赏的、爱的眼光去观察淘气的孩子，去认同接受他们的可爱，就会发现他们身上具有无尽的创造力与想象力、活泼旺盛的精力，这些正是生命最值得肯定与赞美的地方。

鲁迅夫妇抚育海婴的效果如何呢？先生在书信、文章和日记中留下了评价。如前所述，先生在《从孩子的照相说起》中，说海婴"他健康，活泼，顽皮，毫没有被压迫得瘟头瘟脑"，1934 年 10 月 30 日给母亲的信中，说海婴："现在他日夜顽皮，女仆的话简直不听，但男的话却比较的肯听，道理也讲得通了，不小气，不势利，性质还总算好的。"这两处，可说是综合性评价。

海婴的身体健康状况如何？这主要可以在先生给母亲的信中看到。

158　　1934 年 8 月 21 日信中说："海婴的痢疾，长久不发，看来是断根了；不过容易伤风，但也是小毛病，数日即愈。今年大热，孩子大抵生病或生疮，他却只伤风了一回，此外都很好，所以，他是没有什么病的。"同年 11 月 18 日信中说："他的身材好像比较的高大，昨天量了一量，足有三尺了，而且是上海旧尺，倘是北京尺，就有三尺三寸。不知底细的人，都猜他是七岁。"1935 年 11 月 15 日信中说："他比夏天胖了一点，虽然还要算瘦，却很长，刚满六岁，别人都猜他八九岁，他是细长的手和脚，像他母亲的。"

　　海婴的表现如何？这主要也可以在先生给母亲的信中看到。1934 年 10 月 20 日信中说："海婴渐大，懂得道理了，所以有些事情已经可以讲通，比先前好办，良心也还好，好客，不小气，只是有时要欺侮人，尤其是他自己的母亲，对男却较为客气。""懂得道理""良心也还好"，是"性质还总算好"的相同评价。

　　同年 12 月 16 日信中说："海婴要写信给母亲，由广平写出，今寄上。话是他嘴里讲的，夹着一点上海话，已由男在字旁译注，可以懂了。他现在胖得圆圆的，比先前听话，这几天最得意的有三件事，一，是亦能陪客（其实是来捣乱），二是自来水龙头要修的时候，他认识工人的住处，能去叫来，三是刻了一块印章。在信后面说的就是。但字却不大愿意认，说是每天认字，也不确的。"这里讲了海婴已经开始懂得要尊老，学着简单的社会交际的情况。

　　1935 年 11 月 15 日的信中说："海婴很好，每天去幼稚园，不大赖学了。""他什么事情都想模仿我，用我来做比，只有衣服不肯学我的随便，爱漂亮，要穿洋服了。"这里既讲了父亲对儿子的影响，又讲了儿子与父亲的不同。

　　1936 年 1 月 8 日信中说："海婴是够活泼的了，他在家里每天总是要闯一两场祸，阴历年底，幼稚园要放两礼拜假，家里的人都在发愁。
但有时是肯听话，也讲道理的，所以近一年来，不但不挨打，也不大挨
骂了。他只怕男一人，但又说，男打起来，声音虽然响，却是不痛的。"
6 岁多一点的孩子，仍然似懂非懂。

　　海婴的学习情况如何呢？1936 年 1 月 21 日的信中说："海婴已放
假，在家里玩，还不算大闹。但他考了一个第一，好像小孩子也要摆
阔，竟说来说去，附上一笺，上边是他自己写的，也说着这件事，今附
上。他大约已认识了二百字，曾对男说，你如果字写不出来了，只要问
我就是。"同年 7 月 6 日的信说："海婴已以第一名在幼稚园毕业，其实
亦不过'山中无好汉猢狲称霸王'而已。"对此，先生是高兴而冷静的。

　　即使用今天的眼光看，鲁迅夫妇的育儿实践和"育儿经"也是不落
后的，对我们有颇多启发。

以爱为纲：与鲁迅儿童观相通的杨红樱儿童文学作品

　　我在学习研究鲁迅儿童观过程中，为开阔视野，读了一些古今中外的儿童文学作品，不算多。其中，却几乎读了儿童文学作家杨红樱四大系列的全部作品，包括《淘气包马小跳系列》25 本、《杨红樱成长小说系列》5 本、《笑猫日记》23 本和《杨红樱童话系列》7 本。我每年读 100

多本书，大都不是逐字逐句读的，而这 60 本童书，却是少数例外的
一部分，基本上逐字逐句读，有的还反复读。这多是让我爱不释手、
受感动和受启发的书，不仅读，而且做了两万多字摘录和一些读书
笔记。

　　我强烈感受到，杨红樱作品中所体现的儿童观，与鲁迅儿童观相当
吻合：对孩子"以爱为纲"，在"爱"之纲下，对孩子的理解和在理解
基础上的指导，进而解放孩子、培育孩子真善美的独立人格。并且，她
的作品也和鲁迅作品一样具有切中时弊的风格，深深扎根于现实中国大
地和中国儿童。这从她对自己作品主角的把握中可以看到。在《淘气包
马小跳系列》的每一册，我们都可以看到作者写的这样一段话："马小
跳一直是我想写的一个儿童形象，可以说，他是我的理想，我在他身上
寄予了太多的东西：比如我的教育理想，家庭教育和学校教育的；我对
当今教育现状的思考；我对童年的理解，对孩子天性的理解；这里还包
括我做教师、做母亲的人生体验。我笔下的马小跳是一个真正的孩子，
我想通过这个真正的孩子呈现出一个完整的童心世界。"上述这段话，
原来都放在书的最后，似乎是作为广告出现的。到了第 25 册，这段话
放到了最前边，冠以"杨红樱语录"。

　　鲁迅儿童观精深，站在时代高峰。但由于先生没有把儿童观作为重
点研究和创作对象，所以有些内容未详细展开。今天，我们欣喜地看
到，先生儿童观的基本思想，在杨红樱笔下传承并发展。她在 30 多年
儿童文学创作实践中，直面社会现实，对儿童的生存和发展状况作了全
景式描述和全方位反思，其广度、深度和影响力，在当代作家中似尚未
有人超越。

　　一、 爱每一个孩子和"捍卫童年"

　　鲁迅儿童观，以爱为纲。先生 1919 年发表的《我们现在怎样做父亲》，关于"爱"说了这样三句话："我现在心以为然的，便只是爱"，"独有'爱'是真的"，"这离绝了交换关系利害关系的爱，便是人伦的索子，便是所谓'纲'"。同年发表的《随感录六十三"与幼者"》，在展望未来世界时说："只有爱依然存在。——但是对于一切幼者的爱。"

　　内涵极为丰富的杨红樱儿童观，也以爱为纲。

1. "每一个孩子都是这个世界上最亲爱、最珍贵的宝贝"

　　非同凡响的是，杨红樱把以爱为纲具体化为爱每一个孩子。从家长的角度看，杨红樱作品中着墨最多的学生家长是马小跳的父亲马天笑，她说："我爸爸就是马天笑先生的生活原型，我爸爸的名字叫杨天笑"。（《淘气包马小跳系列·贪玩老爸》）马天笑对安琪儿的妈妈说："对你来说，安琪儿是你在这个世界上最亲爱、最珍贵的宝贝；对我来说，马小跳是我在这个世界上最亲爱、最珍贵的宝贝。"（《淘气包马小跳系列·小大人丁文涛》）

　　从老师的角度看。当了七年小学老师的杨红樱经常面对全班学生说："在我们班上，没有优等生，也没有差等生，你们都是我最最亲爱的宝贝儿。"（《淘气包马小跳系列·轰隆隆老师》）杨红樱作品中着墨最多的老师是米兰，她说："在米兰的身上，有我当年做老师的影子。"（《淘气包马小跳系列·超级市长》）米兰老师说："我爱这个班的每一个孩子，能够做他们的老师，是我的荣幸。全班有 48 个学生，每一个都很棒，每一个都是这个世界上独一无二的。"（《杨红樱成长小说系列·漂亮老师和坏小子》）蜜儿是杨红樱在童话中塑造的一个优秀年轻女老师形象，她说："每一个孩子都是世界的奇迹，因为每一个孩子都

是世界的唯一。"（《杨红樱童话系列·神秘的女老师》）

为什么爱每一个孩子？杨红樱的第一点回答是：因为每一个孩子都是这个世界上独一无二的。"独一无二"好理解，但作为父母，因为独一无二就把自己的孩子视为这个世界上最亲爱、最珍贵的宝贝和世界的奇迹；作为教师，因为独一无二就爱自己班上每一个孩子，就不是很多人原本的意识了。杨红樱给人类的生育行为和教师的育人行为以如此崇高美好的诠释，而且诠释得如此简单却有着不可动摇的说服力，不能不使为人父母者和教育工作者产生强烈共鸣！这种共鸣足以从根子上提升我们对孩子爱的境界。

为什么爱每一个孩子？杨红樱的第二点回答是：因为"每一个孩子都很棒"。这个观点未必能被许多人一下子接受。现实中，人们不是可以看到许多并不"很棒"的孩子吗？我觉得，这里有衡量标准和视角问题。"很棒"并非出人头地，许是性格好，许是有某些方面的特长。每一个孩子来到这个世界上，本是"赤子"，是一张白纸，在成长过程中都会展示其"很棒"的一面，都可能成为"很棒"的人。而这与他（她）能不能得到足够的爱和"爱的教育"，有着极大关系。"很棒"是理想，是需要我们付出艰辛努力去实现的理想。

2. 把孩子当作孩子来爱才是真爱

鲁迅儿童观，以爱为纲与"幼者为本"紧紧联系在一起。也就是说，对孩子的爱，必须把孩子当作孩子来爱，才是真正的爱。否则，即使出于爱的初衷，往往也会异化为一种错爱。"救救孩子"，是先生一百年前针对儿童深受旧文化弊害而发出的呐喊。"捍卫童年"，则是杨红樱当下针对许多孩子失去童年的呐喊，她说："人生漫长，童年期的人叫孩子。""可是我们现在好多孩子，因为学习的压力，被迫丧失了童年。

164　人的一生只有一个童年，过去了就没有了。""马小跳是捍卫童年的小战士，是我的理想，是我最后的坚守。"（《淘气包马小跳系列·四个调皮蛋》）她钟爱自己塑造的马小跳，因为"他挺像一个孩子的"。"可是，现在很多的孩子已经不像孩子了。在他们身上，儿童天性的东西已经丧失得所剩无几。"（《淘气包马小跳系列·丁克舅舅》）她作品中的"小大人"丁文涛，就是这样的典型。

　　为什么会造成这种状况？杨红樱通过马小跳最喜欢的女老师林老师指出："这不是孩子本身的问题，这是一个社会问题，也是教育制度的问题。"（《丁克舅舅》）《笑猫日记·能闻出孩子味儿的乌龟》中，那个"昼夜都在思考问题"的"勤奋的思想家"乌龟，说了这样一段话："不同的年代，有不同的问题。""这个年代最大的问题，就是越来越多的孩子，身上没有孩子味儿了。"众所周知，这主要是应试教育痼疾惹的祸。

　　在家长方面。《神秘的女老师》中，蜜儿说："也许有许多父母不明白，正因为他们的爱子心切，望子成龙，用拳拳之心残忍地剥夺了属于孩子们的童年的欢乐。"她批评这些人是"爱心杀手"，还别出心裁地制作了一个"爱心杀手"自查表，包括请家教和送孩子上辅导班、扼杀孩子的兴趣爱好、骂孩子笨、不让孩子做家务等内容。杨红樱指出："中国的父母爱孩子，常常以爱的名义，做一些伤害孩子的事情。我认为爱孩子最起码要做到的，我们很多父母并没有做到，比如了解孩子，尊重孩子，宽容孩子……他们总是居高临下，自以为是，拒绝与孩子保持一种平等的亲子关系。"（《淘气包马小跳系列·唐家小仙妹》）她作品中杜真子的妈妈和安琪儿的妈妈，就是这种典型。

　　在学校方面。《超级市长》中，有教育学家和马小跳的问答。教育学家问作了民意调查的马小跳："你能说出三个孩子们最关心的问题吗？"马小跳答："最严重的问题是作业太多、考试太多，他们不能做自己想做的事情。他们没有自由，从早晨起来睁开眼睛，到晚上闭上眼睛睡觉，整天都在大人的监控下，没有自己的空间。他们的快乐太少，学校除了上课还是上课。因为怕出事，就不组织去春游，去秋游，去参观，去电影院看电影……"《神秘的女老师》中，有蜜儿与红宫学校龙校长的问答。蜜儿指着金碧辉煌的红宫问："那是什么？"龙校长答："那是教学楼。"蜜儿说："不，那是一座厂房。""那里面有几百台机器，生活对他们而言，已经毫无乐趣了。"她展开分析道："为了分数和名次，一个个鲜活的生命把自己变成学习的机器，他们感受不到天高云淡，对于大自然的美丽，视若不见。他们不需要阳光，不需要温情，他们只要分数和名次，这是一群迷失了自己的孩子们。"

这使我想起鲁迅 1925 年在《两地书四》中，批评那时的教育"其实都不过是制造许多适应环境的机器的方法罢了"。改变这种状况，靠真正的教育改革，而这先要有鲁迅式的批判，杨红樱是作了这种批判的人。这种批判一直存在着。作家巴金 1981 年初讲他 7 岁的外孙女小端端是全家八口人中最忙、最辛苦的人，每天上学离家最早，下午放学回家马上做功课，有时吃过晚饭还要温课。他认为，"拖"是我们这个社会的一个大毛病；他呼吁，解决减轻孩子负担这个问题不能拖①。遗憾的是，这个问题拖到了三四十年后的今天，仍没解决好。2018 年 3 月 2 日全国政协十三届一次会议上，新闻发言人王国庆在回答《光明日报》记者提问时说："为中小学生减负，长期以来一直可以说是社会的一个沉重话题。""几十年喊减负，有些地方孩子们的书包越喊越沉，课外负担越喊越重，睡眠和休息的时间越喊越少。""我们国家中小学生每天课外写作业的时间是 2.82 小时，时长已经超过全球平均水平的将近 3

165

---

① 《巴金全集》第十六卷，人民文学出版社 1991 年版，第 349、351 页。

倍。"他以《让我们荡起双桨》里的歌词"做完了一天功课，我们来尽情欢乐"为例说，孩子们有时作业做到晚上九点、十点甚至十一点，"他们上哪儿欢乐，到哪儿荡起双桨呢！"发言人呼吁："我们别再仅仅是坐而论道，而应以真抓实干的精神，起而行之、迎难而上，用踏石留印、抓铁有痕的劲头，一座一座地搬走年幼孩子们本不该承受的重负之山，让他们真正快乐地学习、健康地成长成才。"①

3. 呵护孩子的童心，千方百计关心、保护孩子

捍卫童年，是成人、尤其是父母和教师的重大责任。杨红樱本人，很好地担起了这种责任。《鼹鼠妈妈讲故事》，是杨红樱在女儿小的时候为她写的。作者说："我女儿最喜欢《鼹鼠妈妈讲故事》这本书。""在每一个童话故事里，我都告诉她一个做人的道理。她是读着这些童话长大的。"（《女生日记》）"我是一个会写故事的妈妈，我将一个具有人格魅力的人应该拥有的如忠诚、善良、专注、坚持、感恩、幽默、宽容、信任、自省这些优良品格，都蕴藏在故事里。女儿读着我写给她的童话故事，人格的光芒照亮了她的成长之路。"（《鼹鼠妈妈讲故事》）作者说："对我来说，有一本书特别有意义，那就是《女生日记》，记录的是我女儿的十二岁。""在生活中，我当过几种角色：老师、编辑、作家、母亲，我自以为我做得最好的还是母亲。""我认为成长过程中的最佳状态是自然、快乐，所以，我的女儿是在没有任何压力下长大的，我跟她是好朋友。""在她出国留学前曾对我说：'妈妈，谢谢你给了我一个快乐幸福的童年！'"（《女生日记》）

杨红樱笔下的马小跳的父亲，堪称呵护孩子童心的典范。"在大多

---

① 新华网 2018 年 3 月 2 日。

数的孩子都失去了童年的大环境下，他尽可能地给了马小跳一个丰富多彩的童年，艰难地呵护着马小跳的童心，这样的父亲，是令人肃然起敬的。"（《贪玩老爸》）老师呵护学生童心，杨红樱在《淘气包马小跳系列·开甲壳虫车的女校长》中，写了电视台记者采访女校长欧阳的对话。记者问："'捍卫童年'是学校的校训，还是一个宣言、一句口号？"欧阳校长答："现在大家都在说，中国的孩子没有童年，我们学校要努力做的，就是把童年还给孩子，也就是把快乐还给孩子。"

在《漂亮老师和坏小子》中，讲了米兰老师帮助外号叫豆芽儿的学生治疗尿床的故事。豆芽儿的妈妈说："米兰跟其他的老师不一样，教过豆芽儿的老师也有好几个，没有哪个老师会把豆芽儿尿床这个事情当成个事情，更没有哪个老师会去市场里买来新鲜的猪尿泡，去药店里配齐了药，送到学生的家里来。"为了不让豆芽儿有心理压力，米兰老师还用心良苦地编了"自己小时候也尿过床的"美丽而善良的谎言。对孩子的爱，是一种有特别要求的细腻情感。细腻在把孩子成长中遇到的问题放在心上，"当成个事情"；细腻在舍得花精力，为解决孩子的问题而想方设法、四处奔波；细腻在注意孩子的心理状态，不让孩子受到哪怕是一点儿压力。有没有这样的情感，孩子是能够感受到的，并且很可能使孩子的感情也变得细腻起来。

在《漂亮老师和坏小子》中，还讲了米兰老师处理六·三班和六·二班男生打架的故事。当戴治安袖套的老大爷和老太婆要把打架的坏小子们送派出所时，被米兰老师拦下了，并帮孩子们圆谎——"他们不是打架，是练拳击、练摔跤"。她的想法是：本来嘛，有几个男孩子不打架，又有几个男孩子说得清楚他们为什么打架？当颜老师提出要请家长来处理此事时，米兰不明白：事情本来就简单，为什么非要复杂化呢？"我自己能解决的事情，为什么非要请家长？"看对这件事的处理，我们

168　　透过米兰老师对孩子的理解，更可以感受到她对孩子充满感情的保护。日本的松木优子写过一篇题为《秘密》的短文，讲一个男孩在商店里偷了一个机器人玩具，他的妈妈既恨又痛地要孩子把东西还给售货员，并请售货员把商店负责人叫来。售货员深受感动，说："不用了，我收下这玩具钱，这件事就作为我们三人的秘密吧，孩子也明白了自己做错了事，这就够了。"①这是对孩子的另一种保护，会影响他一辈子。

二、 培养懂感情、有爱心的孩子

　　爱不是单向的，而是双向的，人与人之间应该互爱。就成人与孩子的关系而言，当然首先要强调父母、教师和所有成人对孩子的爱，但不能停留于此。同时要积极引导、培养孩子成为懂感情、有爱心的人。鲁迅当年尖锐批判了中国社会存在的"看客"现象，杨红樱批判了至今仍然存在于儿童中的"看客"现象，在批判中强调强化对孩子的情感教育。

1. 小学生中的"看客"引起校长的震惊和寒心

　　鲁迅 1924 年在《娜拉走后怎样》中说："群众，——尤其是中国的，——永远是戏剧的看客。"他"憎恨社会上旁观者之多"，认为看客是"无主名无意识的杀人团"。先生笔下的"看客"，包括儿童。"看客"或者说旁观者现象，消解了爱与憎、是与非、正义与邪恶，这种可怕的

---

①　贾平凹主编：《哲理小品·外国流行》，人民日报出版社 2005 年版，第 232—233 页。

冷酷、蒙昧和麻木，是以爱为纲的对立面。然而，历史仍在某种程度上　169
重演。

　　杨红樱在《淘气包马小跳系列·跳跳电视台》中，写了马小跳借用唐飞的摄像机拍到的情景："一个低年级的小女生被撞倒了，她的周围是纷乱的脚步，可是没有一双脚停下来，没有人把这个小女生扶起来。顷刻间，纷乱的脚步消失了，只有哇哇大哭的小女生还在镜头里。"好在马小跳大声喊张达，张达冲到小女生身边把她扶起来，背起小女生就跑，送到医务室。

　　校长看了这段录像，感到震惊和寒心。张达的出现，给了他一点小小的安慰。录像在全校播放后，六年级语文教研组组长白老师却跑到校长办公室，埋怨放录像"打乱了毕业班的教学计划"，校长勃然大怒道："在录像里看到学生表现出来的那种冷漠，那种无情，难道你也无动于衷吗？你有没有反思，我们今天的教育缺憾在哪里？"这里揭露的，正是鲁迅当年批判的"看客"现象。写马小跳、张达救小女生的事迹，则是对可贵的爱的赞美和呼唤。

2．把情感品质培养作为教学目标之一

　　杨红樱把对孩子的情感教育放在突出重要的位置，她在《淘气包马小跳系列·宠物集中营》中，通过电视台主持人指出："世界上最珍贵的东西，是彼此的情感需要！"她认为，一个孩子"小时候没有受到情感教育，长大了他会变得很粗糙，很难打动他"。"现在的孩子被家人宠惯了，容易缺乏感恩心。我觉得教孩子懂感情、具有生活情趣，让他们有品位、具备良好品质，才是最重要的。"①杨红樱认为，情商高于智

——————————

① 转引自张利芹著：《杨红樱教育观漫谈》，长江文艺出版社2013年版，第82页。

商。在《笑猫日记·转动时光的伞》中，有一段马小跳分析丁文涛失败原因的话："丁文涛，咱们这些人当中，要说智商，你的智商是最高的；要说情商，你的情商真不高。你知道吗？不管是做人，还是做事，最后往往是情商高的人更可能取得成功。"杨红樱作品对孩子的情感引导是全面的，聚焦培养有爱心的孩子。

李泽厚说："我总觉得，情感本身高于一切。"①有人问他："你的最后信念是什么？你相信什么？"他回答："我认为是情感。人生的意义在于情感。""天人合一，归结为情感问题。"②这就是著名的"情本体"概念。南京师范大学教授朱小蔓在与苏联教育家苏霍姆林斯基的女儿、乌克兰教育科学院院士苏霍姆林斯卡娅的对话中指出："这些年来我们做的情感教育，主张不仅仅把情感当成手段去提高教学、教育的效能，而且更重视把情感品质的培养作为教学的目标之一。"她肯定卡娅提出的"用'情感文明'来表达情感教育的宗旨"，认为"'情感文明'这个概念从一种高度捕捉和把握住了情感对于人和人类生存发展的意义，并提高了情感教育在教育体系中的地位和作用。"③

对人生而言，感性和理性都是不可或缺的，在这两个基本侧面中选择"情本体"，把情感作为人生的最高和最终追求，抓住了人最本质的东西。人需要理性，更需要情感。能够让人产生真正幸福感的，是挚诚的情感。随着互联网技术的迅猛发展，智能机器人已经产生，人的理性思考的一部分功能，机器人可以运用得更好，但人类的情感却是机器人不可能替代的。在这样的现代社会，"把情感品质作为教学的目标之

---

① 《李泽厚对话集·八十年代》，中华书局2014年版，第121页。
② 《李泽厚对话集·九十年代》，中华书局2014年版，第43、44页。
③ 朱小蔓著：《与世界著名教育学者对话（第一辑）》，教育科学出版社2014年版，第26—27页。

一"，从小培养孩子成为"情感文明"的人，太重要了！

3. 爱的多方位展开

有爱心，首先无疑是对父母，尤其是对母亲的爱。鲁迅没有写过自己的母亲，但他对承担赡养母亲的责任，是无怨无悔、终其一生的。在《野草》的《颓败线的颤动》中，先生以悲愤的心情批判了对含辛茹苦把自己带大的母亲忘恩负义的女儿。杨红樱在《淘气包马小跳系列·天真妈妈》里，讲了马小跳父亲如何引导儿子爱母亲和承担起"男人保护女人"的责任。母亲节到来之际，在老师布置写《难忘的母亲节》提示下，马小跳父子用各自的方式表达了对母亲的感恩。爸爸要去欧洲考察一个多月，出国前叮嘱马小跳，一个男人在家里的责任，就是要保护好女人，让她们有安全感："马小跳，我把宝贝儿妈妈就交给你了"。在《磨牙的声音》一节里，我们可以看到一个小男孩如何忠实地履行自己的承诺，以勇敢和智慧，保护妈妈。一个连母亲也不爱的人，很难再爱别的，而孩子、尤其是儿子对母亲的爱，最主要的是责任心，要承担起保护母亲的责任。

有爱心，很重要的是学生对老师的尊敬和在可能情况下的帮助。鲁迅有三个老师，即孩提时代的书塾老师寿镜吾、青年时期的国学老师章太炎和留日时期的解剖学老师藤野严九郎。先生对他们都抱以尊敬态度，虽然对前两位没有完全肯定。杨红樱作品中有两类学生，一类是像丁文涛、路曼曼那样最听老师话，学习分数也最好的学生；一类是像马小跳、唐飞、张达和毛超那样不怎么听话，常常被老师叫到办公室训话的"调皮蛋"。然而，对老师感情深的，恰恰是后者。《转动时光的伞》中，反映了孩子们长大成人后，对班主任秦老师的不同态度。"四个调皮蛋"年年都去看望秦老师，丁文涛却一次也没有去过。秦老师换新房子，是马小跳"折腾"来的，装潢是马小跳设计、另外三个"调皮蛋"实施的。安琪儿说："你们几个还真不错！""那时候，你们每次和丁文涛发生冲突，秦老师都批评你们，我都替你们叫屈。现在，反而是你们几个对秦老师最好……我现在也当老师了，真希望我的班上多几个像你们这样的学生。"尊师，是因为老师教给我们做人的道理和科学知识，即使在应试教育的大背景下，绝大多数老师还是在不同程度上努力而为。

有爱心，毋庸回避怎么看待孩子对异性的情感。杨红樱说："我们都经历过童年，童年时期的青梅竹马，是人的一生中最干净、最没有功利的情感，这种天真无邪的美好情感，是值得浓彩重墨去写的。""其实，每个孩子在小的时候，都会有他特别关注的异性，这是很自然的。我作品中写到这些，也是在对孩子进行情感教育。""无论是在童年期还是在青春期，都会有某一类男生吸引某一类女生，或者某一类女生吸引某一类男生，这是必然要发生的，我认为根本不需回避，只需告诉他们，这其实不是爱情，而是一生当中最没有功利、最干净的情感。"（《淘气包马小跳系列·漂亮女孩夏林果》）杨红樱反对把这种感情称为"早恋"，她借用欧阳校长批评安琪儿妈妈那样的母亲的话说："什么早恋啊，她们把孩童时代纯真的情感都给糟蹋了，同时也给自己的孩子带来了伤害，她们太自以为是了。"（《淘气包马小跳系列·名叫牛皮的插班生》）

毫无疑问，孩子长大后必定会遇到爱情问题。所以杨红樱认为，对孩子从小就应该进行爱情教育。《杨红樱成长小说系列·假小子戴安》中，当戴安的小姨戴小竹与戴安和她的同学艾薇谈论恋爱婚姻问题时，戴安赶紧警告戴小竹："别说我们！我和艾薇还小。"戴小竹说："我知道你们还小，但从小就要对你们进行爱情教育。""像你们这样的年纪，

难免对某一个男生有一点朦朦胧胧的好感，这是一种非常美好、非常纯
洁的情感，不带一点杂质，不带一点功利，但别以为这是爱情。十有八
九，这个人根本不是上帝为你安排的那个人。"杨红樱作品中，还有对
孩子进行性教育的内容。《假小子戴安》中，有对少女生理变化的描写。
当小姨知道戴安来了月经，激动得紧紧握住她的双手："戴安，记住这
一天：你的心情，你的感觉。记住它的美好。"戴安说她讨厌乳房，小
姨却说乳房是女人身体最美的部位。《假小子戴安》中，围绕学校喷水
池中安放比利时雕塑裸体男孩而产生的哗然，米兰老师不失时机地讲述
了"撒尿的小英雄"的故事，引导孩子们正确区分"色情"与人体美。

有爱心，包括爱动物。鲁迅在 1922 年发表的《兔和猫》中，对悄
然逝去的小兔、小狗、鸽子乃至苍蝇，表示了怜惜和感叹。杨红樱作品
的一个重要特点，是把人特别是孩子的故事与动物的故事放在一起写。
《淘气包马小跳系列》中，《宠物集中营》《寻找大熊猫》《忠诚的流浪
狗》和《孔雀屎咖啡》，是以马小跳等小学生同虐待动物现象作斗争为
主题的。杨红樱说，自己在《寻找大熊猫》里表达的一个思想是：在和
平年代，最血腥的事情是人类对野生动物的杀害。（《淘气包马小跳系
列·巨人的城堡》）《笑猫日记系列》，每一册都在讲动人的动物故事，
许多故事写到马小跳他们爱动物的感人行为。杨红樱说："马小跳是个
仁慈的孩子，他的兴趣爱好经常在变，唯一不变的是对小动物的热爱。"
（《宠物集中营》）

《漂亮老师和坏小子》中，有一个故事涉及怎么看待学生因爱动物
而旷课。外号叫"米老鼠"的学生米奇，在上学路上，为救一只生小猫
的名为"公主"的猫而赶不到学校上课。教务处秦主任对米奇的行为持
否定态度，训斥道："玩物丧志，为了一只猫，竟不惜旷课。"米兰老师
则慷慨激昂地反驳："米奇是旷课，但他是在一种什么样的情况下旷的

课呢?""当你面对一个生命即将死亡的时候,你能熟视无睹,无动于衷吗?何况,在这个即将死亡的生命里,还孕育着新的生命。"在杨红樱看来,不爱动物的孩子往往与他们自己没有得到应有的爱有关。《跳跳电视台》中,写了三个用辣椒水灌小猫的小女生。在分析原因时这样写道:"其实,这三个小女生都像那只小猫一样可怜,同盟都是在缺少爱的环境中长大,所以她们心中也缺少爱。"

爱动物体现的是一种对生命的博大的爱。以色列历史学家尤瓦尔·赫拉利2012年写的《人类简史》,阐述了人类在漫长的自身发展过程中,对原本与人类共同生活的动物造成了巨大的灾难,地球上的动物大部分已被人类毁灭,剩下的动物有些正濒临灭绝。这对人类本身也带来可预测的危险。在这种情况下,对孩子从小进行爱动物的教育,已经不是一个可有可无的问题了。

三、"通向孩子心灵"

鲁迅提出的"一要理解、二要指导、三要解放"的儿童教育方针,首先是理解。理解什么?先生认为要理解孩子爱玩耍、爱游戏的天性和孩子的幼稚。他对自己儿童时代把百草园当作乐园的温暖回忆,在《风筝》中对"我"踏扁弟弟风筝提到"精神虐杀"高度的忏悔,是从正反两方面给人们的启示和告诫。杨红樱作品中,讲了许多理解孩子的感人故事,并有诸多独到见解。

1. 理解孩子要有耐心、信心和同情心、同理性

杨红樱认为,强调理解孩子是一种先进思想,她崇尚这种儿童观,

说："18世纪中期法国启蒙思想家、教育思想家卢梭的自然主义教育观对我的影响最大。他提出了自然教育的原则，主张教育要顺应儿童天性发展的自然历程，希望儿童在成人以前就要像儿童的样子……儿童是有自己特有的看法、想法和感情的，如果想用我们的看法、想法和感情去代替他们的看法、想法和感情，那简直是最愚蠢的事情。"她还说："我在当老师的时候，他的一部著作《通向孩子心灵的道路》是我反反复复读的一本书，读书笔记都做了十几本"。（《名叫牛皮的插班生》）

　　然而遗憾的是，当下许多家长和教师并不理解孩子。有人问杨红樱："'淘气包马小跳系列'刚出版时，赢得了孩子们的热捧，却遭到了不少老师和家长的抵触，这是为什么？"她答道："虽然他们是孩子身边最亲近的人，但他们根本不了解孩子，也不愿意去了解孩子，连自己怎么长大的也忘记了。他们不能欣赏马小跳身上的孩子天性，更不能宽容这么一个天真、活泼、有优点、有缺点的孩子，他们希望我写一个只有优点、没有缺点的孩子来作榜样。"（《跳跳电视台》）

　　杨红樱把破解童心作为自己最大的愿望，并在很大程度上实现了。她在接受访谈中讲道："一个小书迷说，读我的书，字里行间，好像有一条暗暗的通道，我能通到他们那儿，他们能通到我这儿。我理解这位小书迷说的'通道'，就是通向孩子心灵的道路。""如果说我的创作有什么'秘诀'的话，那就是我一直行走在这条通向孩子心灵的道路上，用他们的眼光去观察，用他们的方式去思考，用他们的语言去表达。"（《跳跳电视台》）

　　杨红樱对"理解儿童"作了如下诠释："有个词叫'同情心'，也可以理解为'同理性'。我一直抱着一颗同情心来面对孩子的成长，面对他们成长的烦恼，面对他们所犯的错误。马小跳对秦老师说过这么一句话：'您不要着急，我会慢慢长大的。'除了同情心，孩子们还需要我们

176　　有足够的耐心和信心，用温暖慰藉着他们慢慢长大。"（《轰隆隆老师》）
她又说："我们尊重一个孩子，包括尊重他们在成长过程中所犯的错误。
因为成长的过程，就是犯错误、改错误的过程。我这样的理念贯穿在
'淘气包马小跳系列'中。孩子的天性得以淋漓尽致的展现，浓缩成马
小跳的一句宣言，就是'理直气壮做孩子'"！（《淘气包马小跳系列·
同桌冤家》）她还说："孩子的天性，表现在男孩子的身上，调皮淘气
是难免的，应该是人生最难忘最珍贵的一段回忆。"（《四个调皮蛋》）

　　本书第五章谈到，鲁迅对儿子海婴的评论，用得最多的是"淘气"。
在先生笔下，"淘气"二字虽然也有给父母带来麻烦的意思，但主要是
对孩子的理解和对孩子充满生机活力的肯定。孩子处于成长过程中，因
而幼稚、不成熟，会有在成人看来是"错误"的言行举止；却也因而没
有成人那样的条条框框、世故，所以具有巨大的发展潜力。不去压抑孩
子的天性，不用成人的标准去要求他们，以足够的耐心对待孩子，给他
们成长以足够的时间和广阔的空间，是"理解"应有的内涵。

2．让孩子亲近大自然和让孩子学演戏

　　要理解孩子，成人就要有童心。杨红樱作品大量生动描写了当代中
国小学生真实的学习和生活，深入发掘了他们的心理状况。她用《五·
三班的坏小子》《漂亮老师和坏小子》《四个调皮蛋》《同桌冤家》和
《疯丫头杜真子》等作书名，把她的儿童观化为一个又一个妙趣横生、
不落俗套，且又彰显孩子真善美的动人故事。在她看来："做有童心的
爸爸妈妈，对孩子来说，是一种福气。马小跳有一个'贪玩老爸'，有
一个'天真妈妈'，所以他能够成为一个真正的孩子。"（《天真妈妈》）
《淘气包马小跳系列》的第一册以《贪玩老爸》为名，应该不是偶然。
当然，不仅父母要不失童心，老师也要保有童心。不失童心主要表现为

陪伴和引导孩子玩耍，一种玩耍是亲近自然，带孩子游山水、树林、草原，与动植物亲密接触。还有一种玩耍是带孩子做游戏，按照年龄特点看一些历史人文景观。

让孩子亲近大自然，是玩的最好方式。杨红樱作品中，涉及大自然的内容很多。《笑猫日记系列》对动物的描绘与对大自然的描绘浑然一体，其他系列也有不少关于大自然的描写。读她写的自然美景，是一种享受。请看她写的秋景："秋意浓，浓在艳丽的色彩。金色的秋风中翻飞着黄的落叶、红的落叶，片片落叶飘落在地上，织成了铺在大地上的一张色彩斑斓的地毯。"（《笑猫日记·樱花巷的秘密》）请看她写的山里的天空："只有在山里，才有如蓝宝石一样的蓝天；只有在山里，才有如黑丝绒上缀满钻石一样的星空；只有在山里，才有如水洗过一样的空气。"（《笑猫日记·樱桃沟的春天》）杨红樱认为："大自然是最好的课堂，如果仅仅只为'安全'的因素，放弃这个最好的课堂，那太可惜了。让孩子亲近大自然，不仅能收获许多书本上学不到的知识，而且在能力方面、性情方面，都会有提升。"（《淘气包马小跳系列·寻找大熊猫》）对此，杨红樱身体力行，从她女儿会走路开始，她就大手牵小手，到处旅行。做老师后，她"每一年的暑假都是在夏令营里度过的"。她说："我们把学生带到野外，住帐篷，野炊，采集标本，写观察笔记，他们在课堂外学到的东西，比在课堂里多多了。"《四个调皮蛋》里，写了在野营计划、筹备和实施中，孩子玩"失踪"、老爸玩"跟踪"的故事。孩子在呼吸大自然的清新空气时，感受着"秘密"与冒险的兴奋和刺激，老爸体验了久违的独属童年的快乐。

演戏是游戏的升级版。在《淘气包马小跳系列·白雪公主小剧团》中，杨红樱指出："我认为爱演戏是孩子的天性，把演戏作为培养儿童阅读兴趣，是一个行之有效的重要手段。""戏剧是对孩子进行美学教育

178　和情感教育的最佳艺术实践活动"，"我甚至鼓励幼儿参加演戏，也能从这么小的演员身上，发现能力和潜质。""在戏里戏外的故事冲突中，马小跳他们以一种健康的方式宣泄了情绪。他们在丰富多彩的角色里，深刻体会他人的人生经历，体验角色的喜、怒、哀、乐、愁。情绪的正当宣泄、情感的真实体味，有助于儿童情绪情感的健康发展。"说"爱演戏是孩子的天性"，许多人未必认可，因为现实中，我们看到相当多的孩子似乎并不爱演戏。我们这一代人尤其如此，回忆起来，自己小时候的伙伴、小学同窗，爱演戏的似乎真不多。我们的下一代，似乎也好不了多少。杨红樱说错了吗？没有。这里，首先有一个对"演戏"的理解问题。如果作宽泛些理解，演戏是指在游戏中加入角色元素，那么，我们童年时的游戏中，也是有的。另外，天性要展现到一定程度得有条件，我们童年时条件实在有限，演戏的天性得不到重视，也就谈不上发展了。现在，情况发生了很大变化，我们的第三代，学会说话不久，就喜欢在游戏中扮演角色。看来，引导孩子演戏，大有文章可做。

3. 倾听是对孩子起码的尊重

在杨红樱看来，为了理解孩子，必须倾听孩子说话。她认为，不注意倾听孩子说话，是个社会问题，许多人"没有把儿童作为独立的人来尊重"，"很少有人愿意蹲下身子，听听儿童的心声"。（《跳跳电视台》）杨红樱作品中，写了努力改变这种状况的故事。

《女生日记》有一章的标题就是《听他把话讲完》，说的是两位数学老师对学生马加的不同态度。马加说话有点结巴，以前上数学课他也要举手发言，可是结结巴巴半天说不清楚，数学刘老师就一个劲催他，越催，他越急越说不清楚，刘老师总是没耐心听他把话讲完，就让他坐下了。久而久之，马加上课再也不举手了。数学课换了舒老师后，在分析一道分数应用题时提问，好多学生举了手，可是他偏偏请了没有举手的马加。马加结结巴巴，脸都憋红了，好不容易把书上的一句话念完整，舒老师马上为他鼓掌并称赞他，请他对这句话作解释。受鼓励的马加不像刚才那么紧张了，他不想结巴，就把话说得很慢很慢，旁边的同学都急了，催他快说，舒老师却说："让我们耐心地听马加讲完。"有同学小声嘀咕："等他讲完，都下课了。"舒老师说："就是下课了也要听马加说完，这是对一个同学起码的尊重。"没有谁再嘀咕了，同学们耐心地又格外关注地听马加讲完，然后报以热烈的掌声，舒老师再次表扬了马加。女生"我"作了反思："看到马加高兴的样子，我突然感到内心十分愧疚。我跟马加同桌，平时马加跟我说话，我是很难有耐心听他把话讲完的，虽然对我来说，这是些不经心的细节，但对马加来说，也许就是一种伤害，使他更加自卑。""我"觉察到马加是一个不自信的男孩，琢磨着他的不自信，很可能跟他的结巴、跟他在家里很少得到关爱有关系。"我"进一步思考："我想我今后一定要对马加好一点，首先要做到耐心地听他把每一句话讲完。今天，舒老师已为我们做出了榜样。我相信马加会在大家的关心爱护中，一天天自信起来，开朗起来。"

杨红樱在上述故事中提出的一个重要观点是：倾听是对孩子起码的尊重，而尊重则是理解孩子的本质。对一个孩子而言，能否做到倾听他说话，对他成长会产生出乎人们意料的积极意义。但现在，我发现不注意倾听仍是相当普遍存在的一个社会问题。由于不注意倾听，领导干部难以真正做到密切联系群众；由于不注意倾听，人们研究问题时往往进行大量无谓的争论。我想，这也许和人们在孩提时代，自己没有得到应有的被倾听，本人也没有养成倾听的习惯，有关系。

杨红樱认为，在注意倾听的同时，也要注意不去打听孩子的秘密，她说："成人世界对孩子而言，充满了困惑和不解，而他们自己的童心世界，又充满了想象力和求知欲，还有不能与人分享、必须独自承受的成长的疼痛，这使他们的内心不得不长出许多秘密。我非常注重孩子的秘密，我曾经在一本书中写过一句话：没有秘密的孩子，不是真正的孩子。"（《漂亮女孩夏林果》）倾听，并不是要求、甚至强迫孩子把内心的秘密也说出来。认为孩子不能有秘密的观点早已过时了。

四、 把真善美作为指导孩子的基本遵循

按照鲁迅的儿童教育观，对孩子，仅仅理解当然是不够的，在理解的基础上要指导。成人对孩子"须是指导者协商者，却不该是命令者"。那么，怎么指导孩子呢？

1. 放在首位的是引导孩子求真

鲁迅在提出以爱为纲的同时，提出了以诚为本。他批判人们"苟安于虚伪"，认为"因为真实，所以也有力"，而"瞒和骗"则使中国人"一天天的堕落着"。他对写作，提出"只要写出实情，即于中国有益"。杨红樱的《淘气包马小跳系列·孔雀屎咖啡》，批判了与迫害动物联系在一起的造假谋利丑行，她痛心地指出："物以稀为贵，在流行说假话的成人世界里，敢于说真话已然成为难能可贵的品质。"她倾心刻意塑造的马小跳，"也许有一百个缺点，一万个缺点，但是，他有一个优点就是：从来不撒谎。"（《淘气包马小跳系列·忠诚的流浪狗》）

杨红樱强调，小学生的作文，最重要的是表达真情实感。《漂亮老师和坏小子》第七章，第二节是"一篇颠覆春天的作文"。这是夏雪儿的作文，她以自己切身的具体感受，说："在一年四季中，我最不喜欢

的季节是春天。"米兰老师请学生们对这篇作文进行评价，有的以"这篇作文主题不正确"为由判不及格。有的则给她90分，认为"这是篇非常有个性的作文"，"是真正地用眼睛、用身体、用心去感受了春天，才写出了这样的一篇作文。"米兰给这篇作文打了95分。她说："我以为这篇作文的可贵之处，在于写出了夏雪儿自己的真情实感。"杨红樱说："我一直认为，小学生的作文，不一定要写得漂亮，但一定要有真情实感，文如其人，教孩子作文，同时也在教孩子做人，实事求是的文风要从小培养。"（《孔雀屎咖啡》）

求真，做到真情实意，本是中国传统优秀文化的精髓。哲学家冯友兰指出：孔子认为"仁"是最高的道德品质，而"仁"的基础，即"为仁"的人所必须有的素质，是有真性情，有真情实感。所谓"刚毅木讷近仁。"（《子路》）"巧言令色，鲜矣仁。"（《学而》）前者是以自己为主，凭着自己的真性情、真情实感做事的老老实实的人。后者是以别人为主，做事说话专以讨别人喜欢的虚伪的人。孔子特别批判虚伪，认为虚伪的人是可耻的。①但是，在历代封建专制的压抑下，人们渐渐地越来越不敢运用自己的真情实感来做事说话了。这种弊端传递给孩子，是一个家庭、一个民族、一个国家最可悲的事。让我们牢记人民教育家陶行知留下的箴言："千教万教教人求真，千学万学学做真人。"②

2. 焕发每一个孩子内心真善美的光辉

100多年前，鲁迅提出了"发国人之内曜"的观点，意思是要焕发每一个中国人内心真善美的光辉。杨红樱在她的作品中，十分强调老师

---

① 冯友兰著：《中国哲学史新编（上）》，人民出版社2007年版，第82、83页。
② 《陶行知名篇精选》，教育科学出版社2006年版，序二第2页。

要有发现孩子潜质和优点的意识和能力，马小跳的父亲马天笑说："伟大的人和一般的人的区别就在于，伟大的人有一双善于发现美的眼睛，而一般的人就没有这样的眼睛。"（《贪玩老爸》）她在《荒隆隆老师》中说："我欣赏林老师，首先是因为她能够欣赏学生。我常常说老师应该像艺术家一样，要有一双会发现的眼睛，去发现学生身上的潜质。林老师就发现了马小跳非凡的想象力，还有他身上保持完好的孩子的天性，所以她欣赏马小跳。"

在《杨红樱童话系列·那个骑轮箱来的蜜儿》中，有着"优点放大镜"的女教师蜜儿说："我的眼镜除了具有透视的功能外，还有一大功能，就是在看人的时候，能把人的优点放大并使它闪出光来。"书中还介绍了"带上了蜜儿的优点放大镜的严老师"的变化："与以往不同的是，以前给某个学生写评语，她的感觉是这个学生好像正站在她的面前，接受她的教训，优点一、二、三，缺点一、二、三给他或她指出来，特别是缺点因为她非常非常重视，希望他们也非常非常重视所以有意无意间便强调了他们的缺点，夸大了他们的缺点。现在戴上了蜜儿的优点放大镜，写评语的感觉就完全不一样了，每一个学生在她心目中都是那么的可爱，尽管他们身上有这样那样的缺点，但她更多看到的是他们身上的优点，喜爱之情油然而生，禁不住用抒情的笔调写起学生的评语来。"

"发国人之内曜"，这是提高国民素质的一个好方法，对指导孩子成长尤其重要。每一个孩子在其成长过程中，都会产生点点滴滴真善美的"微光"，人们能不能发现它、肯定它、鼓励它，关系到"微光"是激情燃烧，还是自生自灭。这对孩子成长为一个什么样的人，具有举足轻重的影响。呵护童真，也许最重要、最有效的，就是呵护这种"微光"。对父母、对老师，都是如此。

3．"将做人的道理藏在故事里"

鲁迅认为，孩子不仅要读学校发的教科书，还要看课外书。先生高度重视儿童读物在指导孩子方面的重要作用，亲自动手翻译了不少外国优秀的儿童文学作品。自海婴稍懂事起，就给他讲故事。杨红樱很看重儿童阅读，《女生日记》中有一节《关于课外书》，针对课业负担过重、学生们少有时间读课外书的状况，主人公冉冬阳的父亲感慨却又无奈地对女儿说："你们现在体会不到，阅读对人的一生是多么重要啊！"《神秘的女老师》中有一节《图书馆寻宝》，它的题记是蜜儿的这样一段话："图书馆是个好地方，是个使人终身受益的地方。不要老让孩子们坐在教室里，带他们到图书馆去吧！"书籍之重要，在于它是人类文明的结晶。人生苦短，像鲁迅《野草》中所说的"过客"。书籍可以帮助一个人站在巨人的肩膀上，把人生之路看得清楚些，少走弯路，不走邪路，从而获得过程的精彩。

童年是一个人阅读习惯养成的关键时期，而阅读习惯养成的关键，是培养孩子的阅读兴趣。杨红樱对童书有着独到见解，她指出："给孩子讲大道理的效果，远远不如将做人的道理藏在故事里。因为每一个孩子都喜欢听故事。"（《鼹鼠妈妈讲故事》）童书大多是故事书，孩子小时听，大起来自己看。当然，并非所有的童书都能吸引孩子。杨红樱认为："童年的阅读，必须要满足三个方面的需求：一是要满足儿童的想象力；二是要满足他们心灵成长的需要，也就是说作品要给他们安慰，给他们温暖，给他们成长的力量；三是要满足他们的求知欲。"她说："儿童读物不能满足儿童以上三个需求，是根本吸引不了孩子的。"（《寻找大熊猫》）

《杨红樱童话系列·骆驼爸爸讲故事》里，作者讲了自己怎么会写起科学童话来的："在我18岁那一年，做了小学老师，开始教一年级的

184 语文课，我发现学生们最喜欢语文书上的一篇课文，是《小蝌蚪找妈妈》，这是一篇典型的科学童话，将一只青蛙完整的生命过程融进一个找妈妈的故事之中，孩子们在有趣的阅读过程中，不知不觉地吸收了科学知识，同时还受到了爱的教育——这就是科学童话，在深奥的、枯燥的科学知识里加入有趣的好玩的情节，再用精彩的语言把他们糅合在一起，这就变成了既有知识性、又有趣味性的科学童话。这样的故事听（读）起来好轻松、好愉快，所以孩子们都喜欢。""然而，在上世纪80年代初，这种融知识性、文学性、趣味性于一体的科学童话非常非常少，一本语文书中就那么几篇，显然不能满足孩子们的阅读需求。于是，我开始自己写，在阅读课上念给孩子们听，我给他们写的第一篇科学童话《穿救生衣的种子》，这也是我发表的第一篇处女作，从此走上了儿童文学创作之路。"

教育，需要解决正确处理抽象和具体的关系，即讲道理和讲故事的关系。这对儿童比对成人重要得多。自古以来，能够在老百姓中代代传下来的，总是那些有着好听的故事的文学经典。抽象地讲道理孩子听不懂，只有"把做人的道理藏在故事中"，才可能收到较好效果。反思当下的儿童教育，从道理到道理、从概念到概念的东西仍然不少。有人是为了表示"政治正确"，却不知这样做并不能取得预期效果。真正的"政治正确"，体现为从赢得童心开始，赢得人心、民心，这要讲真实动人的故事，才可能做到。

4. 注重孩子良好行为习惯养成

鲁迅赞赏列宁"将'风俗'和'习惯'都包括在'文化'之内，并且以为改革这些很为困难"的观点。先生强调养成良好的行为习惯要从孩子做起。对此，杨红樱作品中也涉及不少。《神秘的女老师》中的

《小绅士和小淑女》和《女生日记》中的《男子汉的风度》，集中讲了这
方面的故事。

《小绅士和小淑女》，讲红宫学校的学生吃自助餐的故事。龙校长应
蜜儿老师之约，午餐时来到学生餐厅。他看到学生们一进餐厅，便争先
恐后抢盘子，抢到盘子的用筷子、勺子敲打着，在菜盆子里挑挑拣拣，
还大声说话，唾沫星子都溅到菜盆里了。他发现这些孩子，只要自己喜
欢吃的便拼命地往自己盘子里夹，根本不考虑别人，并且基本上不吃蔬
菜和豆制品。餐后，吃剩的盘子里剩着许多饭和菜，骨头、香蕉皮通通
扔在地上，一片狼藉。龙校长感慨万千："这些学生连自助餐都不会吃，
素质教育体现在哪里？"蜜儿说："孩子们是最容易学榜样的。龙校长，
我希望我们俩能做孩子的榜样，让他们看一看什么叫绅士风度，什么叫
淑女风范。"当晚，龙校长和蜜儿早早来到餐厅用餐，接下来的几天，
每当用餐时也是如此。没有一句说教，他们用自己良好的用餐行为，为
孩子们作出了榜样。学生餐厅从此成为小绅士和小淑女聚集的地方。蜜
儿评论道："不要小看一顿自助餐。吃自助餐，最容易看出一个人的风
度和教养来。风度和教养是一种财富，行为举止优雅得体，是现代人走
向成功之路的通行证。"

《男子汉的风度》，讲发生在小学六年级学生乘车去植物园参观植物
标本，往返路上，让座的故事。48个学生加上两个老师乘一辆中型客
车，座位远远不够，至少有三分之一的人要站着。因为男生跑得快，所
以这站着的三分之一便都是女生。班主任女老师罗老师最后一个上车，
没有座位了。坐在前面的男老师舒老师立刻站了起来，对罗老师做了一
个"请坐"的姿势，罗老师说了一声"谢谢"，便毫不客气地坐下了。
学生们议论纷纷，认为舒老师在和罗老师谈恋爱。舒老师说："看到刚
才我给罗老师让座，你们觉得很奇怪吗？难道你们不知道'女士优先'

186 是一个男性应该懂得的最起码的礼貌吗?"这番话,说得男生们羞愧难当。沉默了好久,男生们纷纷给女生让座。返程时,全班三分之一站着的,都变成了男生。罗老师笑着说:"今天,令我感到十分欣慰的是,我们班的男生都很有男子汉的风度,这一点,我相信女生们和我会有同感。"

行为习惯远比学习分数重要,但应试教育使两者位置颠倒了。养成良好的行为习惯不是靠说教,也不是制定"几不"规范就能解决的问题。它要靠榜样的力量,尤其是家长和老师的榜样。一般来说,家长和老师有良好的行为习惯,孩子们都能跟得上,甚至会做得比成人还好。它还要靠训练,坏习惯形成容易改变难,好习惯非得训练许多年才能养成并巩固。这是值得的,它带来的是人的气质变化。

五、"只要心中有信念,最终就能成功"

鲁迅的儿童教育方针,在理解和指导的基础上,便是解放。所谓解放,就是"交给他们自立的能力",使他们"成一个独立的人"。这是和先生批判"主奴文化",提出"立人"必须"尊个性",一脉相承的。杨红樱作品反复强调要尊重孩子的个性,个性并不是与集体主义对立的东西,个性要和遵纪守法结合起来。

1."拥有一个真实的自己才是最宝贵的"

杨红樱说:"老师应该像艺术家那样,有一双会发现的眼睛,去发现孩子身上的个性。我总是顶着各种非议,尽可能地保护孩子的个性,为他们个性的发展创造一个自由的空间。"(《超级市长》)她联系自己说："女儿的成长，我给了她很大的成长空间，特别是在面临重大选择时，我都尊重她的选择。""我相信她在跌跌撞撞中坚持个性，走出自己的路来。"（《天真妈妈》）她又说：自己在当老师的时候，针对班上 48 个学生的个性特点，建立了 48 份个性档案。（《名叫牛皮的插班生》）

《女生日记》中，罗老师诠释"酷"字说："酷"是从英语单词 COOl 音译过来的，原意是冷静，汉语的意思是形容程度深。"现在人们所说的'酷'已完全是另外的意思了，是形容一个人有个性。"罗老师告诫我们每个人：不要在盲目地追星、赶时髦中迷失了自己，拥有一个真实的自己才是最宝贵的。《漂亮老师和坏小子》中，米兰老师问经常受人欺负的弱男生李小俊："你想过用自己的力量保护自己吗？""今后，再有同学欺负你，我希望你不要来找我，也不要告诉你的妈妈。""自己的事情自己解决。"之后，遇到向他挑衅的同学，他就进行了反击。当姜校长对此事开展调查时，李小俊说："姜校长，米老师没有教我打架，她只是想教给我一个道理：世上没有救世主，只有自己救自己。"

杨红樱认为，为了培养独立的人格，要理解、鼓励和保护孩子独处，"能够独处的孩子，是有能力、有个性的孩子。要给孩子独处的机会，但不能让孩子的内心感到孤独。"（《淘气包马小跳系列·疯丫头杜真子》）杨红樱还认为，尊重孩子的个性并非主张放任自流。她一直有一个观点，那就是从小要给孩子灌输"好公民"意识。《丁克舅舅》中写了丁克舅舅一些似乎很酷的故事，其实在告诉人们，丁克舅舅是一个好公民。她说："我写这本书的初衷，就是想写一个好公民。好公民可以是各种各样的人，但是好公民不可以没有社会公德。马小跳亲眼目睹，丁克舅舅开车撞倒了路牌，当时没有人看见，但他坚持要赔偿。这就是一个好公民的日常行为。"

中国旧文化的主要弊端之一，是压抑人的个性。鲁迅同时代的学

188　者，包括许多儒学崇尚者，对此都有清醒认识。哲学家、教育家梁漱溟指出："中国文化最大之偏失，就在个人永不被发现这一点上。一个人简直没有站在自己立场说话机会，多少感情要求被压抑，被抹杀。"①不尊重个性，人的积极性、主动性和创造性难以充分调动，思想上就谈不上坚持以"每个人自由而全面发展"为奋斗目标的马克思主义，政治上就谈不上民主，科学技术就谈不上创新，民族伟大复兴就成了纸上谈兵。尊重个性必须从孩子开始，儿童时期被压抑的个性，长大后很难再得到释放、张扬。尊重个性决非主张自私自利的个人主义，更不是主张无政府主义。现代社会的显著特征是专业分工越来越细，加强团队协同是对每个人的必然要求。在有过一盘散沙历史的中国，教育孩子树立集体主义精神，并未过时。现代社会的重要标志是依法治国，《宪法》规定了公民的权利和义务。在缺乏法治传统、法治尚不完备的当代中国，教育孩子自觉守法，十分重要。

2. 反对盲目攀比

　　解放孩子要有目标。有人问杨红樱："您对孩子的成功人生是怎么理解的？"她回答道："我理解的成功不是挣多少钱，也不是成名成家，只要按自己喜欢的方式生活，做自己喜欢的事情，对这个社会有贡献，这样的人生可以说是成功的人生。"（《天真妈妈》）杨红樱还对男孩和女孩的成长目标，分别谈了看法。

　　关于男孩。杨红樱说："我常常想，如果我有一个儿子，他会是一个什么样的男孩子？他不必漂亮，但一定要健康；他不必聪明，但一定要幽默；他可能是淘气的、麻烦的，但他必须是诚实的、勇敢的。最重

----

① 梁漱溟著：《中国文化的命运》，中信出版社 2010 年版，第 71 页。

要的，他必须是快乐的——这就是马小跳！""男孩子嘛，最重要的是一定要有责任心，有幽默感，有创造力，有宽容的气度，像《男生日记》中吴缅那样的。"（《女生日记》）

关于女孩。杨红樱说："很多家长都会在自己孩子身上寄予太高的希望，我只希望我的女儿健健康康、快快乐乐地长大，做一个少烦恼、有能力使自己快乐的人，一个有自知之明、追求不断成长的人。"（《天真妈妈》）"性格好的女孩子会很可爱，女孩子因为可爱而美丽。像《女生日记》中的冉冬阳，她不是最漂亮，也不是最聪明，但她落落大方，善解人意，是我所欣赏的女孩子"。（《女生日记》）"就一个女人的一生而言，好性格远比好容貌重要得多。""我一直以为，善解人意是一个女孩子最应该具备的优良品质，但遗憾的是，这种优良品质在当今女孩子身上是很稀缺的"。（《淘气包马小跳系列·笨女孩安琪儿》）

杨红樱反对盲目地把自己的孩子与别人的孩子作不恰当的比较。《小大人丁文涛》中，有一段马小跳父亲与安琪儿妈妈的对话："马先生，你说都是孩子，为什么丁文涛这孩子，跟我们家安琪儿、你们家马小跳，就不一样呢？""为什么要一样呢？"马天笑说："如果一样了，你们家的安琪儿还是安琪儿吗？我们家的马小跳还是马小跳吗？"针对现实社会中父母、教师和孩子本人普遍存在的攀比心理，杨红樱写了唐飞的妹妹唐小仙参加婴儿爬行大赛的故事。"唐小仙的注意力全在仙女棒上，她心中目标明确，心无旁骛"，"不跟谁比，只要前方有仙女棒，她就会不受任何干扰，一门心思地向前爬呀爬，爬呀爬……"对此，唐飞的爸爸说："好！好！不用比，小仙儿在我心中已经是第一啦！"杨红樱指出："当下的教育，给孩子灌输了太多的竞争意识，所有的努力都是与别人比个高低，争个第一，却忽略了'信念'的人格教育。我一直认为，只要心中有信念，有奋斗的目标，专注地做事，最终就能成功。"

190　（《唐家小仙妹》）

　　杨红樱早些年说："在写马小跳和丁文涛时，我会随着他俩的性格走向，去预测他们的将来。人总是要长大的，像丁文涛这样只会死读书、缺乏想象力的孩子，肯定不如马小跳有创新能力。而职场上的比拼，最终拼的是人格魅力，冷漠孤傲、患得患失的丁文涛，很难成为具有人格魅力的人。"（《小大人丁文涛》）2016 年出版的《转动时光的伞》和 2017 年出版的《樱花巷的秘密》，杨红樱对她作品中的孩子们，作了如下预测："四个调皮蛋"中，马小跳成了一位大名鼎鼎的建筑设计师，还当上了主管城市建设规划的市长；唐飞被一所世界著名的大学录取攻读博士，以后成了一位著名的经济学家；曾经是结巴的张达，成了一位大学教师；毛超成了一家大公司主管业务的副总。"笨女孩"安琪儿成了一位优秀的小学教师，还是孩子们非常喜欢的童书作家；"漂亮女孩"夏林果成了一位出色的芭蕾舞演员；"疯丫头"杜真子大学儿童营养学专业毕业后，在电视台主持一档少儿节目，专门教小朋友们做饭，成了孩子们最喜爱的"厨房姐姐"。而曾经是秦老师心目中最优秀、最完美的"小大人"丁文涛，一心想出国，可外国的大学不收他这种只会死记硬背、没有想象力和创造力的学生，后来他进了一家银行，但业绩一直上不去。

　　杨红樱对孩子成长目标的描述，没有"高大全"的追求，没有成名成家的统一模式。她在总体上把握了三点，一是人格比较完善，有信念，有责任心，善解人意；二是从事自己喜欢、高兴的职业，专注做事，富有创造力，各有特色；三是对社会有贡献。

3. 进入和孩子共同成长的境界

　　鲁迅提出"父子间没有什么恩"的断语，批评父母对孩子"责望报偿"的思想。这在杨红樱作品中也有体现。《笑猫日记·一头灵魂出窍的猪》中，有一段关于"为什么渴望当爸爸"的讨论。老老鼠说："当了爸爸，我们就能得到报答……"笑猫不同意老老鼠的这个观点："我们不要报答，因为孩子们已经给了我们太多的快乐。和他们一起度过每一天，看着他们一点一点地长大，这些都带给我们无穷的欢乐。难道还有比这更好的报答吗？"杨红樱提出，"不要报答"是因为已经有了报答，孩子给父母带来快乐就是给父母的报答，并且没有比这更好的报答了。客观地讲，这种快乐是与付出的艰辛紧紧联系在一起的。

杨红樱反复提出的一个观点是，成人应该在教育孩子的同时向孩子学习，她说："孩子感动成人、教育成人的时候很多，他们可以是成人的老师，成人也应该向孩子学习，这是我一贯的观点和立场。"（《忠诚的流浪狗》）有学者问杨红樱："您认为成人最应该向孩子学习什么？"她答："真诚。""我一直喜欢安徒生的那篇童话《皇帝的新装》，光着身子的皇帝出来游街，那么多人在围观，为什么只有一个孩子说皇帝是光着屁股呢？经典就是经典"。（《巨人的城堡》）杨红樱认为："真正成熟的人，是已经脱离了童年而又没有失去童年最好特征的人。"（《开甲壳虫车的女校长》）她说："像马小跳爸爸这样童心未泯的男人，往往容易成功，因为他们身上具备成功的因素，比如真诚，比如想象力，比如坚持性。"（《贪玩老爸》）

因为成人也要向孩子学习，就能在教育孩子的过程中和孩子共同成长，其切入点和关键点是成人不忘童心。《转动时光的伞》结尾，写人到中年的马小跳和他的几个要好的小学同窗回到翠湖公园，马小跳说："每次回到翠湖公园，我都能找到好多宝贵的东西。"笑猫评论道："原来，这几个不甘庸俗、不甘世故、不甘冷漠、不甘浮躁的成年人，每年都要回到翠湖公园，在这个留下他们童年美好记忆的地方，找回童心，

192　　找回单纯，找回良知，找回真性情……"在杨红樱看来，读好的童书，也是成人不忘童心的有效途径，她不无自豪地说："目前越来越多的家长喜欢读我的书，他们想走进孩子的世界，而我的书在他们看来，就是成人和孩子之间的一座桥梁。"(《漂亮女孩夏林果》)我读杨红樱作品，确实获得了这样的效果。

　　成人要和孩子共同成长，当然不只是不忘童心。鲁迅"立人"思想有一个重要观点："必须先改造了自己，再改造社会，改造世界；万不可单是不平。"这是一切从自己做起的观点。改造自己，就是自己的成长。再改造社会，其实我们所能做的改造社会的工作是非常有限的；相对而言，帮助孩子成长，虽然也难，但总可以做一点——能做多少，与改造自己做到什么程度，大有关系。为了孩子，积极参加体育锻炼，包括与孩子一起进行体育活动，可以保持身体健康。为了孩子，认真读书，包括与孩子一起阅读古今中外儿童文学经典，可以陶冶情操、增长知识。为了孩子，修身养性，保持良好的行为习惯，包括帮助孩子养成良好的行为习惯，可以提升一个人的品位。和孩子共同成长不是虚幻的，而是实实在在的。

　　鲁迅作品面向广大普通中国人，杨红樱作品面向广大普通中国儿童，她说："像马小跳、张达、唐飞、毛超，都是最最普通的孩子，这是一个很大的群体，很值得写。这些普通的孩子最具孩子本色，能在他们身上挖掘出许多鲜活的东西。对我来说，他们比那些出类拔萃的神童更具魅力。"(《四个调皮蛋》)杨红樱说："用作品反映儿童的现实生活，是一个童书作家起码的责任和担当。只要扎根生活，鲜活的故事永远写不完。尽管这是一种高难度的写作，甚至费力不讨好，但是每个时代必须有人来写反映这个时代的作品。值得欣慰的是，我写的这些反映

时代的作品，得到了读者的高度认可。"（《唐家小仙妹》）浙江少年儿　　193
童出版社 2017 年 8 月出版杨红樱的《淘气包马小跳系列》最新一本时，
说杨红樱作品总销量超过 1 亿册。在当代中国儿童和家长、小学教师
中，产生如此广泛而深远的影响，决不是偶然的。

创造美好的人生第三季：践行鲁迅儿童观的"隔代带"

众所周知，所谓"隔代带"，就是爷爷奶奶、外公外婆带孙子、孙女或外孙、外孙女。"隔代带"程度不同，有的几乎全包，有的半包，有的包大部分，也有的包小部分。至于偶尔带带，那就不能称"隔代带"了。当下中国社会盛行"隔代带"，我和妻子也身在其中，从 2012 年至今，积六年左右的实践，有一些心得可谈。

一、"隔代带"的缘由错综复杂

20 世纪 80 年代是我们"50 后"的年轻时期，当时也有"隔代带"，但比例比现在要小得多，远未成为一种普遍的社会现象。女儿年幼时，我们上班时由她外婆带，休息日自己带，是"隔代带"与自己带相结合。那个年代，街道里弄和稍大一点的企业、事业单位都有托儿所或哺乳室，父母（主要是母亲）可以带着年幼的孩子上班（当然挤公共汽车很辛苦），单位专门为哺乳期的女职工安排在工作时间给婴儿喂奶。不知何时起取消了托儿所或哺乳室，不仅单位一般都不办，连社会上也逐步消失了。父母上班，年幼的孩子留在家里，经济条件好的请育儿嫂带，经济条件难以承担请人费用或对育儿嫂不放心的，就选择了"隔代带"。

孩子大起来要上幼儿园，接送是大问题。孩子再大了要上小学。我们少年时代，从小学一年级开始，上学、放学都是自己往返。现在不行，在城市，几乎谁都不放心让孩子独自去回。许多小学明文规定，为了孩子的安全，小学一年级到四年级，学生上学、放学，家长必须接送。接送谁负责？在孩子很小时承担了"隔代带"任务的爷爷奶奶或者外公外婆，只要身体条件尚可，往往会想：孩子上学了，带起来总比全天在家要省力，就继续带下去吧。

"隔代带"成为一种社会现象，还与独生子女政策相关。现在的年轻父母以"80 后"为主体、"90 后"早期也已开始进入。他们大都是独生子女，往往成为家里的"小太阳"，家里六个大人围着转，使他们独立生活能力的发展大受影响。他们结婚后有了孩子，操持家务、特别是带孩子的能力弱，加上受多元思潮影响，在自己享受生活与为孩子付出之间怎么平衡，常常感到困惑。这就造成大多数人在较长一段时期内，还摆脱不了对父母的依赖。有的年轻人婚后为了有更多"二人世界"时间，不想马上要孩子，而父母却等不及了，便与父母达成"我们负责生，你们负责带"的协议。

另外，我们这代人选择"隔代带"，相当一部分人不是经济原因，也不完全是对请人带不放心，而是有一种"补偿"心理在起作用。我们"老三届"中的不少人，就业后，每天早晨六点不到就要出门挤公共汽车上班，晚上六、七点钟才回家。加上之前中断了学业，改革开放后为"补学历"，花费了不少业余时间。所以，虽然主观上竭尽全力，客观上带子女的时间却比较有限。特别是我们中有些人较早担任了领导职务，在"激情燃烧的岁月"自觉接受了公而忘私教育，理所当然地把带孩子划为私事，似乎为公事对孩子管得越少说明觉悟越高，带子女的时间就更少了。几十年后，知道不该如此绝对地看问题，为自己过去在孩子身上花的精力太少而感到内疚，总想在可能的情况下作些补偿。现在，孩子的孩子出生了，想把迟到的爱放在孙辈身上，这就产生了"隔代带"的动力。

2012 年 11 月，我们的大外孙女出生，马上遇到了怎么带的问题。女儿女婿身为父母，理当尽心尽力抚育孩子，但他们白天要上班，晚上要休息。尤其是女儿工作很忙，加班加点是家常便饭。现实地分析，不太可能以他们为主带孩子。当时可以有两种选择，一是请育儿嫂，另外就是我们夫妇和亲家轮流带。考虑到育儿嫂作为社会职业尚未充分发展，又考虑到当时我们和亲家四人作为"老人"尚年轻，加上"补偿"心理起作用，就选择了方案二。其实，女儿女婿考虑不给双方父母增添太多压力，倾向于请育儿嫂，我们亲家以"父母总比外人可靠"为由说服他们，也正中我们下怀。就这样，一开始我们就采用了大部分"隔代带"的模式。大外孙女一周住我家，一周住我们亲家家，女儿女婿两边跑。上幼儿园后，因为我家离幼儿园较远，原有模式不再可行，女儿女婿就请了住家保姆。双休日和节假日（特别是寒暑假）我们再轮流带。2016 年 4 月，小外孙女出生，与大外孙女相比，我们带她的时间大为减少。每周保姆休息日，我们去女儿女婿家，帮着带两个外孙女。

二、 作尽可能充分的准备

我赞成把人生划分为三季的说法：出生到就业前为第一季，职业生涯为第二季，退休后为第三季。我们这些在特殊年代里生长的人，第一季比较短，我 17 岁就进厂当学徒了。第二季比较长，我的职业生涯超过 45 年。大外孙女出生时，我已快 62 岁，职业生涯接近尾声。63 岁办理退休手续后虽然还有不少社会活动，但毕竟迈入了人生第三季，与在职时比，自由支配的时间明显增多。人生第三季怎么过？除了按照相关规定履职外，最大的事莫过于"隔代带"了。怎么看"隔代带"？即使客观上有强烈需求，主观上也有积极性，但对我们来说，这毕竟是一件从未做过的大事。所以，当女儿把怀孕的消息告知后，我们在激动和兴奋之余，便着手做准备工作。

首先是女儿的孕期保健。这方面的工作主要由医院做。我们家人除了按照医生的要求配合做好相关工作外，比较重视的是，给女儿做孕妇餐。考虑到孕期饮食的特殊性，女儿单位的工作餐不可能完全满足，就由我夫人和亲家母轮流，精心配餐，每天在家烧好，送到她单位给她用餐。全家人为此付出了不少精力，目的是为了女儿和小宝宝的健康。为

198 孩子出生做物品方面的准备相对简单，市场上早已形成了庞大的婴幼儿用品产业链，基本上应有尽有，这在改革开放前是无法想象的。问题是假冒伪劣产品一度充斥于市，我们须在品质上挑选。当时，三鹿毒奶粉事件导致国产奶粉信誉扫地，全家人想方设法去买信誉好的进口品牌奶粉，以保证孩子出生后需要奶粉时不"断粮"。这种做法持续了较长时间。记得女儿产假结束上班后到台湾出差，不仅自己买奶粉，还请同事们帮忙。

从我的角度看，更多是为第三代的诞生作思想或者说文化准备，购买和阅读育儿书籍。包括育儿科学知识，这方面的书琳琅满目，我们挑选了一些权威出版社的读物。更主要的，是儿童观方面的书籍。我重温了《鲁迅全集》，细读了《全集》中关于儿童观的作品。然后开始读中外教育学经典，重点读其中关于儿童教育的内容。我在金山区工作时的老同事徐虹老师（曾任金山区教育局局长、区政协副主席），送我《外国教育经典解读》和《中国教育经典解读》，成为我这方面的阅读开端。几年来，以这两本《解读》为索引，我读了卢梭《爱弥儿·论教育》上下卷，玛利亚·蒙台梭利《童年的秘密》《夸美纽斯教育论著选》，约翰·洛克《教育漫话》《裴斯泰洛齐教育论著选》，约翰·杜威《民主主义与教育》《福泽谕吉教育论著选》，苏霍姆林斯基《怎样培养真正的人》和《陶行知名篇精选》、陈鹤琴《家庭教育》、智效民《民国那些教育家》等。还读了尼尔·波兹曼《童年的消逝》、希拉里·罗德姆·克林顿《举全村之力》、阿诺德·格塞尔《儿童生活的最初五年》和阿诺德·格塞尔和弗朗斯·L·伊尔克主编《现代文明中的婴幼儿儿童行为和人格培养指南》等。同时，读了一些儿童文学作品，除了杨红樱的60本书外，还读了冰心、曹文轩等人的作品。有的书不仅我读，我夫人、女儿女婿和我们亲家也读。

读《鲁迅全集》中与儿童观相关的作品，给我以深刻启示，先生提

出的幼者为本、以爱为纲，一要理解、二要指导、三要解放，烙印于我 199
心头。先生夫妇悉心抚育海婴，为我们树立了榜样。读中外教育学经
典，其中儿童教育的内容如此丰富，令人感叹。儿童教育的基本理念及
其方法，至今读来没有陈旧感。教育之精髓，是如何培养真正的人，这
些经典中不少内容，不仅对儿童教育，而且对我们今天如何加强和改进
整个思想道德教育，仍然具有重大价值。读之恨晚。读杨红樱等人的儿
童文学作品，先是自己享受，待外孙女慢慢长大，讲给她们听，再让她
们自己看。读格塞尔的儿童心理学专著，为我们如何正确处理带两个外
孙女中遇到的一些棘手问题，提供了专业指导。

三、 带孩子健康地慢慢长大真非易事

　　带婴幼儿，所须投入的精力是很大的，因为吃喝拉撒玩样样须安排
周到，几乎时时刻刻离不开人。而且，需要足够的耐心和细心。难怪鲁
迅许广平夫妇当年抚育海婴会发出"领起来很吃力""管束颇觉吃力"
"连看看也吃力的""十分吃力"等感叹。现在婴幼儿的吃，是一件相当
复杂的事。女儿产假期间，给大外孙女喂母乳，上班后，就只能给她冲
奶粉喝了。小外孙女吃母乳时间稍长，女儿上班有奶时挤出来，放在冰
箱里，下班带回来给她吃，坚持了一段时间。孩子喝奶粉什么时候喝多
少，不喝怎么办，都有讲究。孩子大些了，要加辅食，每个月的辅食不
一样，我夫人和亲家母亲自动手配、烧给她吃（后来是保姆）。孩子再
大些，什么时候吃类似成人但无油无盐或少油少盐饮食，都须精心安
排。孩子睡觉也是一件不易做好的事，有时候该睡时不肯睡，要抱着她
在小区花园里边走边哄，或者让她再玩会儿才行。

200　　　　也许与母亲孕期保健做得比较好有关，孩子出生后的身体状况总体上不错。但一岁以后，免不了时有感冒发烧，要带她们去医院就诊。儿科医院人满为患，即使花钱看特需门诊，有时也要花费很长时间。记得有一次大外孙女发高烧，我们送她去医院，先做各种检查，等待一个多小时后拿到了报告，排除了肺炎，确诊为流行性感冒。然后，按照规定，转到发热门诊，排队近两个小时才轮到我们看，医生只用几分钟就看完了，开了处方却说主治的药断档了，自己想办法去买。大外孙女被折腾了大半天，已经浑身无力了，一般情况下我要背她她也坚持自己走，这次再也走不动了，我背着她走了好长一段路才上车。回到家，我们再想方设法去买药。大外孙女生病，外婆一般都有办法说服她吃药，但偶尔也会出现随便怎么哄她就是不肯吃药的情况。实在没辙了，我只能拍了一下桌子，逼她吃。

　　孩子一岁半过后，时常出现情绪不稳定的情况。一次我和大外孙女说好到公园去玩，还没走出小区，她就不想去了。蹲在小区池塘的桥上，小虫围着咬她也不肯起来，硬把她拖回家，怎么给她讲道理都不管用。这种情况到了两岁半左右特别明显，有时可爱得使人惊喜，有时却淘气得让人无奈，甚至躺在地上"耍无赖"。给人以"非得严加管教"的冲动（"虎妈狼爸"也许就在此时产生了）。读了美国格塞尔儿童心理学，知道"两岁半时儿童在行为系统的成长中正处于一个十字路口的阶段"，"会走向不同的极端"，"自愿做出选择的能力还很弱"，"他的固执、他的踌躇、他的犹豫都不仅是极端的，而且是暂时的"①。就是说，发生这种情况，只是幼儿生理、心理发展过程中出现的小插曲而已。知

---

① ［美］阿诺德·格塞尔和弗朗斯·L·伊尔克主编：《现代文明中的婴幼儿　儿童行为和人格培养指南》，桑标、胡经纬、程琛译，上海人民出版社 2015 年版，第 148—150 页。

道了这个道理，我们就采取引导、鼓励的方法对待她——而不是看见她

有什么"不对"就真认为要"坚持是非标准"，像对待大孩子甚至对待

成人那样对待她。

特别要看到，两岁半左右的孩子，情绪波动有时是与大人安排不周

相关的，那就更不能用粗暴的态度对待她。记得 2015 年初夏的一天中

午 12:00 多，女儿女婿带大女儿从外面玩后回家，她在车上睡了一小会

儿，午饭没有好好吃，饭后不肯好好睡午觉，我就带她出去玩。下午

5:00 许，她撑不住了就睡觉，7:00 不到醒了，不愿好好吃饭，闹得很。

大人们都感到烦死了，有的说："让她哭，哭累了就好了。"我斟酌了一

下，觉得当天大外孙女的作息时间全乱了，该吃时没给吃，该睡时没给

睡，而且她正巧发口腔溃疡，再加上正值梅雨季节，难怪她情绪不好。

于是，我把她抱到一个安静的房间，说了表示对她理解的话，不多时她

的情绪就稳定了。

当然，随着孩子一点点大起来，方法也须变化。我们严格控制大外

孙女看电视，三岁前不看，三岁后可以，但内容限定为儿童片，时间

控制在半小时。有时候，她会要求多看一会儿，就产生了怎么对待的问

题。我的方法是，适可而止。一次，她看"巧虎"，20 多分钟后，我提

醒她说"差不多了"，她说"再看一会"，我说"这集看完就关"，她说

"再看两集"，我说"好"。看完两集后我说"可以关了"，她说"再看一

集"，我说："那不行，说话要算数，你再看外公就不管你了。"我刚走

进书房，大外孙女就叫外公，说："我不看了"。我表扬了她。我的体会

是，已经开始懂事的孩子，当他做出一些不利于健康成长的举动时，大

人不要骂，更不能打，只要你"冷"他一下就行了。"冷"之后见效了，

就应该立马"热"起来，就像什么事都未发生过一样，该怎么疼他还怎

么疼他。

有人问，孩子特别闹时能不能采取强制方法，实在不行能不能打几下？我的看法是，孩子5岁前，除了生病该服药时她横竖不肯服只能强制（我也偶遇过，这很可能是自己缺少办法）。除此之外，都不应该强制。至于打孩子，是极不应该的。尤其对女孩子，绝对不能打，这是一条不能突破的底线。

有人提出，古人说"三岁看到老"，孩子3岁后要开始"做规矩"。我原则上赞成这个观点，但认为可以有一个过程。一开始不必太严格，可用表扬为主的方法进行引导。5岁后，要严格起来，否则长大后很难养成好习惯。其实，孩子能不能"守规矩"，主要并不在于大人"做规矩"，而在于大人做榜样。一般地说，父母举止端庄、彬彬有礼，孩子受到熏陶，在潜移默化中就跟着做了。我们带大外孙女外出，从来不乱穿马路，从来不乱扔垃圾，大外孙女自然而然就做到了。起初，她看到有人乱穿马路、乱扔垃圾，问我们："他们怎么可以这样做呢？"我们告诉她："这是不文明行为，我们不学。"她也就不学了。

四、 顺应孩子的天性，恰当进行引导

教育孩子要从小开始，儿童教育要从理解切入。按照鲁迅的观点，关键是理解孩子爱玩的天性。不是逆孩子的天性而为，用对待成人的方法来教育孩子，而是顺应孩子的天性，用恰当的方法来引导孩子。人类本是大自然的一部分，爱动物和植物是孩子的本能。住在大城市，大多数地方成了水泥森林，对孩子而言，动物、植物、蓝天白云、太阳月亮星星，就显得特别珍贵，格外重要。我们很注意带两个外孙女到户外活动。

只要天不下雨、下雪，不刮大风，特别是空气没有污染，我们都尽可能带两个外孙女到户外活动。较多的，是到自己住的小区花园和邻近一个小区更大的花园，也常去离家较近的中山公园。还去过市郊，到田野里摘草莓，在城市沙滩上玩耍。带她们旅游比较晚，因为我们觉得孩子很小时带出旅游，可能难以给她们留下什么印象。2017 年夏天大外孙女四岁半时，我们带她乘飞机去威海，这是她第一次坐飞机。去威海主要是看大海。清晨，在海边看日出，她裹着毛毯坐在宾馆的阳台上，看太阳一点一点升起来，直至一轮红日喷薄而出。上午，在海鸥飞翔的海滩上追逐细浪。下午，带着大外孙女在海滩上拾海贝，做沙模。我们没有去看人文景点，觉得孩子太小并不能理解这些景点的人文含义，待她们大点再说。2018 年 4 月上旬，我们带两个外孙女去杭州，主要是看西湖，乘游船看了西湖十景中的三潭印月和断桥。还去极地海洋公园，看到了企鹅和北极熊。

两个外孙女打很小起，就喜欢上小动物，在路边看见小狗、小猫就驻足不前，或看上片刻，或学学狗叫猫叫，有时候还要我们带着她们，特意到看见过小狗小猫出入处去看它们。在草地上看见蝴蝶停在花朵上就盯着看，蝴蝶飞就追着看，无论是白蝴蝶还是花蝴蝶，她们都赞叹不已。在河边、桥上，她们总要停下来，看看水里有没有鱼和小蝌蚪或青蛙，时常要我们准备好鱼食，带她们去喂鱼。再大些，我们带她们到动物园去，同样看动物，她们明显喜欢去野生动物园。也许是潜移默化，2016 年 5 月 1 日晨，三岁半的大外孙女醒来，看着新买的衣柜门上着色的蝴蝶浮雕，一句一句编起儿歌来，在我不多的帮助下，编成了她创作的第一首儿歌："小蝴蝶，大蝴蝶，飞呀飞，飞上天。一只高，一只低，大的飞得低，小的飞得高。两只紫蝴蝶，飞到花丛中，飞去干什么，飞去采花蜜。"

　　两个外孙女爱仰望天空。白天，她们听见飞机飞的声音，马上提醒我们一起看。偶尔看见彩虹，她们惊喜不已。相对而言，看月亮的机会似乎多些。2014年中秋节晚上，我带着不到两岁的大外孙女在小区赏月，去得早，平地上有的地方看不见月亮，我们就去找。在河边，看见月亮在树丛里。沿着市民小广场的台阶一级一级往上爬，终于看见又大又圆又亮的月亮了。大外孙女回家请外婆和阿姨一起赏月，她带我们爬到台阶最高处，一起坐着赏月。她还注意看天上的繁星和夜航的飞机。我们一起过了一个难忘的中秋节。大外孙女两岁多的一个晚上看月色，她说："奶奶们在月光下跳舞，我和外公在月光下散步。"然后自己手舞足蹈地说："我在月光下跳圆圈舞。"也许是一种积累，大外孙女四岁多的一个晚上，在回家的车上，自编自唱关于月亮和彩虹的儿歌："弯弯的月亮在天上，弯弯的彩虹在天上，它们俩是好朋友，因为都是弯弯的在天上。"

　　带孩子去户外，当然不只是赏景，还有运动。对充满生机和活力的孩子来说，运动是最好的玩法。孩子的运动兴趣各不相同，大外孙女最喜欢的是荡秋千，踢球，滑滑板和跑步。我们总是尽可能满足她的爱好。荡秋千大都需要排队等候，她有时显得烦躁，我们就告诉她必须耐心。轮到她荡了，她总想多玩一会儿，我们告诉她要顾及正在等待的其他小朋友，玩了会就该谦让，她一般都能做到。我们和她在草坪上或球场上一起踢球，开始时踢小皮球，三岁后就踢小足球了。滑滑板，刚开始，要我们在一旁看着她，在她将跌倒时扶一下，用不了多久她就能独自滑行，我们想追也追不上了。跑步，她喜欢比赛，我们注意适度，避免她过分疲累。动静结合，激烈运动玩了一段时间，我们就给她躺在吊床上，边轻轻推动，边和她一起念儿歌或唐诗。

　　除了带孩子去户外活动外，我们投入精力特别多的，无疑是引导孩子听和读了。大外孙女出生前，我们就买了许多童书。两个外孙女出生后，就一直与童书相伴。大外孙女和小外孙女一岁左右，我们开始读识字卡片给她们听，一岁半左右她们开始牙牙学语，就跟着读。我们还选择一些儿歌、唐诗念给她们听，大外孙女快两岁时会背五首唐诗，两岁多一点能背十首了。孩子睡觉有一个特点，到了该睡的时间了往往还想玩。大外孙女两岁多时，我们答应"可以讲一个故事后再睡"，这样，自然而然就形成了讲睡前故事的习惯，不仅晚上睡前要讲故事，午睡前也要讲故事。我们选择了绘本，给她讲故事，她边听边盯着绘本看，反复听反复看，不厌其烦。三岁前，讲得最多的，除了订的每月更新的《巧虎》故事外，还有不同版本的《中国经典童话故事》，荷兰儿童插图画家马克斯·韦尔修思的《小青蛙弗洛格的成长故事》系列，美国画家辛迪·斯凯尔斯的《幼幼成长体验·学会分享》系列。大外孙女渐渐大起来，不满足于简单的故事了，越来越爱听、爱看比较复杂的童书，包括未经删减的传世经典《安徒生童话》《格林童话》插图本，英国儿童文学作家迈克尔·邦德文、画家 R. W. 阿利绘《伯林顿宝宝熊家庭教养》系列，美国科普作家乔安娜·柯尔文、画家布鲁斯·迪根绘《神奇校车·图画版》科普童话系列。大外孙女四岁半左右，开始爱听杨红樱《淘气包马小跳系列》，小男生马小跳、唐飞、张达、毛超和小女生安琪儿、杜真子、夏林果，都成了她喜爱的故事人物。2017 年春节，我们给 4 岁多一点的大外孙女开蒙，正式教她识字，只认不写，目标是一年识 300 个字，后来提前实现了。同时教她简单的数学。2017 年儿童节，我们带大外孙女去上海书城，让她自己选书买，还买了中国地图拼图。2018 年元旦，我们买了《小学生字典》，作为送给她的新年礼物。她打开一看，知道"有这么多字啊"。我们告诉她，学好汉语拼音，以后遇到不认识的字就可以查字典了。2018 年春节，我们带大外孙女去博库书城，让她再次领略书海之大，除了让她自己买书外，还买了地球仪。

孩子爱玩各式各样的玩具。现代社会玩具市场相当发达，除了传统的玩具外，更多的是电子玩具，令人目不暇接。我们当然也买了许多玩具给两个外孙女玩，但我们更重视让大外孙女在生活中玩，引导她在玩的过程中体会日常生活的乐趣。孩子很小就喜欢观察，对看到的一切都好奇，而他们所看到的主要是日常生活中具体的各种场景。大多数人认为，孩子对这些琐碎的小事感兴趣，太没有意思了，应该引导他们去学琴棋书画。我们却不这么认为。日常生活占了人生相当多时间，如果孩子从小就热爱它，并积极地去发现、去体会它的各种细节，这对人生该多有意义啊。我夫人在这方面做得比较成功。两个外孙女最爱说的一句话就是"让我看看"，而且还喜欢动手参与。成人为此在做家务中多付出一些辛苦（带着孩子做家务比自己做要增添一些"麻烦"），值得。大外孙女不仅爱问爱参与日常生活，四、五岁时还喜欢和外婆一起做烹调游戏、上学游戏和医生看病游戏，乐此不疲。

引导孩子，我们比较注意用两种方法。一种是肯定她点点滴滴值得肯定的行为。大外孙女处于似懂非懂阶段时，我们专门设了一本记载她"闪光点"的本子，除了文字外还有五角星和花朵。另一种是重视孩子提出的每一个问题。从两个外孙女开口说话起，我们就鼓励她们提问，只要她们提问，我们就不厌其烦地回答——尽可能按照她们能理解的方式来回答。现在她们已经养成了提问的习惯，什么事都要打破砂锅问到底。在她们看来，似乎没有一个答案是到底的、终极的。我们之间的问答将持续下去——直到同她们一起讨论。

五、 与孩子们共同成长

半个多世纪的沧桑岁月告诉我们，做任何事都应该有目标，有目标才会有追求、有较强的动力和较好的状态，才可能避免盲目性，掌握主动权。"隔代带"也不例外。"隔代带"有多种带法，但明确提出目标者并不多，在有目标追求的人们中，往往也只是把第三代作为对象，同时把第一代、第二代放进去的并不多。"隔代带"究竟提出什么样的目标为好？我们思忖再三，认为要赋予它以更积极的意义，树立三代人共同成长的目标。投入"隔代带"之前，粗想想，加上耳闻目睹，就意识到这必定是需要当事者有很大付出，才能享受天伦之乐的事。投入后，"付出感"更强了。往深里思考，如果"隔代带"付出过多，为后代"牺牲自己"过多，也是自己的选择。如果因为"隔代带"而牺牲了健康（我们中学同学中，确实有在"隔代带"过程中，过于疲累而倒下的），也带有一点小小的悲壮。但有没有可能不停留于此，而在付出的同时又有收获？不是鲁迅批评的那种"责望报偿"的收获，而是在"隔代带"第三代过程中，第一代、第二代同时得到成长的收获。

如何理解"成长的收获"？这里，需要提出"完善就是成长"的命题。完善当然要有付出，但这种付出得到的收获却是最重要的收获——人生境界的提升。如果用鲁迅"爱自己"的说法，完善自己就是爱自己的高境界。为了带好第三代，我们第一代先要完善自己，由此再带动第二代。许多人埋怨子女这不好那不好，却没有意识到自己的不足，殊不知离开了自己侈谈第二代的完善，毫无意义，也难有好结果。基于以上考虑，女儿怀孕时，我就说，我们家每一个人，都可以把小宝宝问世，作为改变自己、提高自己的契机。提出三代人共同成长，是人生第三季的一种选择。当今社会造成的"隔代带"现象，促进我们作出了这种选择。如果没有"隔代带"，人们一旦有了第三代，也是可以作出这种选择的，当然内容和形式都会很不一样。

在"隔代带"中完善自己，首先在于对"人应该成为什么样的人"的重新思考。这是一个有关人生意义大小、价值高下，值得思考一辈子的问题。相信每个人青少年时代都思考过，但随着年龄增长，越来越多的人就不去思考了。"隔代带"会激活我们去再思考。因为既然选择了"隔代带"，总想把孩子带好，使之成为自己心目中的好孩子。再思考可以指导我们怎么带孩子，同时帮助自己始终不中断对人生意义、价值的追求。

在"隔代带"中完善自己，离不开增长知识。培根的箴言"知识就是力量"，永不过时，只是应该对知识作全面理解，不仅指科学知识，而且包括社会科学知识。对孩子，既要注重提高智商，更要注重提高情商。为此，我们必须努力学习、吸取自己原来不熟悉的知识，主要是古今中外的儿童教育经典、尤其是儿童文学经典，否则就无法承担好培育孩子的重任。这些作品，我们原先读得很少，现在读来，深感这些为孩子写的作品，渗透着真善美。读给孩子听，给孩子看，在陶冶孩子情操的同时，净化我们自己的灵魂。

在"隔代带"中完善自己，离不开锻炼身体。带孩子既是脑力活又是体力活，增长知识和保持身体健康是两项基本功，不可缺一。虽然当代中国人的平均预期寿命不断延长，上海和北京已超过80岁，专家认为正常情况下75岁前可能保持比较令人满意的精力。但大多数投入"隔代带"者，毕竟已过了年富力强时期，时有力不从心的感叹。怎么处理"隔代带"与保持健康的关系，是现实课题。我们的体会是，两者可能相辅相成。一方面，"隔代带"产生动力，促使我们坚持锻炼身体。譬如在快速散步感到累时，会要求自己再坚持一会儿，不然体力下降，就抱不动两个外孙女了。这样，脚步仿佛就真轻了一点。另一方面，和两个外孙女一起玩，特别是和大外孙女一起踢球、跑步，祖孙两代都得到了锻炼。

在"隔代带"中完善自己，还有很重要的一个方面，是向孩子学习。一个品质优良的人是不忘童心的人，而带孩子恰恰最可能使自己不忘童心。和孩子在一起，虽然有说不尽的烦恼，但孩子带来的更多是欢乐，家里的笑声远比孩子哭声多。我们的结论是：三代人共同成长，可能做到。

法国思想家蒙田在他的《论对孩子的教育》中指出："教育和抚养孩子是人类最重要也是最困难的学问。"①对此，夸美纽斯作了这样的比喻："儿童比黄金更珍贵，但是比玻璃还脆弱。他是易于被震荡和受伤的甚至成为不可补偿的损伤。"正因为如此，所以"不付出勤勉的劳动而能把儿童教养成人，那是不可想象的"。②

当下的芸芸众生，凡有过抚育孩子的实践者，一定会由衷地赞成以上两位先哲的观点。国家开始实行二孩政策，很多人并不响应，愿意生第二胎的夫妇，也许包括他们的父母，非得有更多的牺牲精神。有的人并没有带过孩子，听听、看看、想想也颇感畏惧，结了婚选择不育者大有人在。怎么办呢？无论什么样的人生，都是苦与乐交织。了解鲁迅儿童观，有助于我们在苦乐交织中提升人生境界。顺应自然生养孩子，通过勤奋学习、积极向上，与孩子们共同成长，苦中得乐，这就是幸福人生。

---

① 单中惠、朱镜人主编：《外国教育经典解读》，上海教育出版社 2004 年版，第43 页。

② ［捷克］《夸美纽斯教育论著选》，任钟印选编，任宝祥等译，人民教育出版社2005 年版，第 21、35 页。

后　记

　　我早些年主要从总体上关注鲁迅"立人"思想，对先生的儿童观并没有作为重点去学习领会。2012 年第一个外孙女出生前后，在亲情的感染和激励下，我开始反复研读《鲁迅全集》中关于儿童观的内容，一面作摘录和梳理，一面写"随感录"，不知不觉积累了两万多字。

　　2013 年 9 月 16 日，上海人民出版社副总编辑齐书深和编辑楼岚岚，应邀到宝钢大厦参加《宝钢文化经典故事》第一、第二卷出版座谈会。其间谈起上述情况，他们问我有没有可能为双月刊上海《少先队研究》杂志写一点介绍鲁迅儿童观的文章，我未多加思索就欣然答应了。这固然是因为我已有了一点写这方面文章的基础，不是从头开始，再需要付出的工夫在可能承受范围内。更重要的是，我以为，像当今中国社会十分需要鲁迅"立人"思想一样，也十分需要鲁迅儿童观。如果有机会在这方面尽点微薄之力，我求之不得。两个月后，我将两万多字的《鲁迅儿童教育观解读》稿送上海人民出版社。上海《少先队研究》从2014年第1期起连载，同年底结束。2014年我写的《独有"爱"是真的——鲁迅"立人"思想解读》，专门有一章（第九章）是关于儿童观的内容，也是两万多字。

2014年夏天，偶遇中国人民解放军上海警备区原政委朱争平少将，他说自己退下来后在中国国际文化传播中心上海总部主办即将创刊的《红蔓》杂志，问我能不能为该杂志写一篇关于鲁迅的文章，我答应了，并同他议定从鲁迅夫妇如何带孩子的角度写。文章以《鲁迅怎样做父亲》为题，在2015年1月《红蔓》创刊号上发表，2015年1月14日《新民晚报》作了转载。

原以为，有了以上积累，写《只有爱依然存在——鲁迅儿童观今读》也许不会太难。然而，我错了。一上手立马发现，要在洋洋几百万字的《鲁迅全集》中，把先生的儿童观梳理出来，真不是一件容易的事。要放在古今中外儿童发展的历史背景下，联系当下实际来解读鲁迅儿童观，更是难上加难。我从2014年初开始写作本书，集中精力用半年多时间完成了初稿，自己不满意，却不知怎么改好。只能放慢节奏，再做新的积累，断断续续，一点一点磨。其间，时有"写不下去"的感觉，还是鲁迅的韧性精神激励着我坚持，再坚持，想到一点改一点。

212　　2017 年秋天起，又集中精力写了大半年，终于完成了改写。书稿从动手到定稿，花了四年多时间。

　　关于本书的书名：《只有爱依然存在——鲁迅儿童观今读》，"鲁迅儿童观今读"主要包含两层意思，一是以我今天的理解程度来解说鲁迅儿童观，二是谈谈鲁迅儿童观在今天给我们的启示。"只有爱依然存在"是鲁迅的话，我想过用先生其他的话，譬如"救救孩子""以爱为纲""一是理解、二是指导、三是解放"等等，都可作书名。想来想去，"只有爱依然存在"更确切。儿童事业的希望和目标就在于"只有爱依然存在"。

　　对鲁迅作品相关内容的引用，我尽可能做到不重复，但一些章节为了保持叙述的完整性，还是有少量重复。我想，读者会理解的。

　　上海人民出版社社长王为松和学林出版社社长助理楼岚岚重视、关心本书出版，鲁迅文化基金会会长、鲁迅长孙周令飞将本书列入鲁迅文化基金会丛书并给本书封面使用照片提供方便，使我深受感动和鼓舞。

　　本书的写作，得到了友人 Y 和 F 的真情帮助。他们两位在繁忙的工作和家务之余，仔细阅读了全部书稿，纠正了一些文字差错，提出了不少很好的修改建议，我基本上都采纳了，使表达更加确切、更加流畅、更加简洁。十分感谢他们。

主要参考书目

《鲁迅全集》，人民文学出版社 2005 年版。

《鲁迅大全集》第十卷，长江文艺出版社 2011 年版。

《鲁迅大辞典》，人民文学出版社 2009 年版。

钱理群著：《鲁迅作品细读》，北京出版社 2017 年版。

钱理群著：《周作人传》，北京十月文艺出版社 2005 年版。

214　　　孙玉石著：《现实的与哲学的——鲁迅〈野草〉重释》，北京大学出版社 2010 年版。

[法] 卢梭著：《爱弥儿·论教育》上下卷，李平沤译，商务印书馆 1978 年版。

[意] 玛利亚·蒙台梭利著：《童年的秘密》，马荣根译，人民教育出版社 2005 年版。

任钟印选编：[捷克]《夸美纽斯教育论著选》，任宝祥等译，人民教育出版社 2005 年版。

[英] 约翰·洛克著：《教育漫话》，杨汉麟译，人民教育出版社 2006 年版。

[瑞士]《裴斯泰洛齐教育论著选》，夏之莲等译，人民教育出版社 2001 年版。

[美] 约翰·杜威著：《民主主义与教育》，王承绪译，人民教育出版社 2001 年版。

[日]《福泽谕吉教育论著选》，王桂主译，人民教育出版社 2005 年版。

[苏] 苏霍姆林斯基著：《怎样培养真正的人》，蔡汀译，教育科学出版社 1992 年版。

单中惠、朱镜人主编：《外国教育经典解读》，上海教育出版社 2004 年版。

田正平、肖朗主编：《中国教育经典解读》，上海教育出版社 2005 年版。

智效民著：《民国那些教育家》，四川文艺出版社 2013 年版。

方明编：《陶行知名篇精选》，教育科学出版社 2006 年版。

[美] 尼尔·波兹曼著：《童年的消逝》，吴燕莚译，广西师范大学

出版社 2011 年版。

[美] 阿诺德·格塞尔著：《儿童生活的最初五年》，桑标等译，上海人民出版社 2014 年版。

[美] 阿诺德·格塞尔和弗朗斯·L·伊尔克主编：《现代文明中的婴幼儿　儿童行为和人格培养指南》，桑标等译，上海人民出版社 2015 年版。

[美] 希拉里·罗德姆·克林顿著：《举全村之力》，曾桂娥译，上海三联出版社 2009 年版。

陈鹤琴著：《家庭教育》，华东师范大学出版社 2006 年版。

杨红樱作品：《杨红樱童话系列》7 册，作家出版社版；《杨红樱成长小说成长三部曲》5 册，作家出版社版；《淘气包马小跳系列》25 册，浙江少年儿童出版社版；《笑猫日记系列》23 册，明天出版社版。

杨红樱著，乔世华、李利芳、陈莉、徐鲁评《杨红樱作品中的教育观》6 册，长江文艺出版社 2013 年版。

张利芹著：《杨红樱教育观漫谈》，长江文艺出版社 2013 年版。

俞吾金著：《哲学随感录》，北京师范大学出版社 2016 年版。

朱小蔓著：《与世界著名教育学者对话（第一辑）》，教育科学出版社 2014 年版。